创造高估值

打造价值型互联网商业模式

穆胜 ◎ 著

HIGH VALUATION

How to Creat the Most Valuable Internet Business Model？

机械工业出版社
China Machine Press

图书在版编目（CIP）数据

创造高估值：打造价值型互联网商业模式 / 穆胜著 . —北京：机械工业出版社，2020.1

ISBN 978-7-111-64263-3

I. 创… II. 穆… III. 互联网络 – 商业模式 – 研究 IV. F713.36

中国版本图书馆 CIP 数据核字（2019）第 259061 号

创造高估值：打造价值型互联网商业模式

出版发行：机械工业出版社（北京市西城区百万庄大街 22 号 邮政编码：100037）	
责任编辑：冯小妹	责任校对：李秋荣
印　　刷：三河市东方印刷有限公司	版　　次：2020 年 1 月第 1 版第 1 次印刷
开　　本：170mm×230mm　1/16	印　　张：14
书　　号：ISBN 978-7-111-64263-3	定　　价：79.00 元

客服电话：（010）88361066　88379833　68326294　　投稿热线：（010）88379007
华章网站：www.hzbook.com　　　　　　　　　　　　读者信箱：hzjg@hzbook.com

版权所有 • 侵权必究
封底无防伪标均为盗版
本书法律顾问：北京大成律师事务所　韩光 / 邹晓东

HIGH
VALUATION
序

追求价值，忘记估值

短短几年间，互联网经济已经席卷全球。在一轮又一轮的风口中，创业者们蜂拥而至，掀起了激战连连，但除了少数项目笑到最后，多数项目只能黯然离场，成为互联网创业史上的背影。

意图改变世界的创业者们在风口中被投资者（风险投资机构，VC）捧上天，但大多又在资本的裹挟下蒙眼狂奔。他们将企业的盈利性抛在脑后，用激进的方式来"烧钱成长"，用一组组看似漂亮的流量数据（用户数、日活㊀、月活㊁等）来换取投资者的继续信任，让"烧钱游戏"得以继续。对于大多数创业者来说，估值成了他们证明自己存在感的唯一标准。

估值应该是对于未来盈利性的贴现，只有真正有价值的商业模式才会有盈利性的预期。而支撑一个商业模式价值的支柱有两个——价值创造（value creation）和价值捕获（value capture）。前者说的是"对用户有没有价值"（有没有改变用户体验）的问

㊀ 日活，即日活跃用户数量。
㊁ 月活，即月活跃用户数量。

题，后者说的是"财务模型是否成立"的问题。但这种创业和风险投资的基本原理却被浮躁的市场抛到脑后。

不知从什么时候开始，创业者把脸对着投资者，把屁股对着用户；不知从什么时候开始，亏损的独角兽依然可以趾高气扬，甩开财务报表高谈梦想和情怀；不知从什么时候开始，"烧掉了投资人多少钱"变成了一种可以炫耀的资本……

意图在风口中捕食的投资者乐于见到创业者们的热情，却难以分辨项目价值的真伪。大量风险投资机构实际是在用"大资金"赌"大赛道"，看的是宏观的产业趋势而非微观的项目逻辑。这在一方面造就了京东、唯品会、拼多多等早期投资的神话，但也在另一方面造就了无数赛道内投资者的折戟。说到底，在"大赛道"里胜出的（这里指的是"退出"，不算浮盈）也只是凤毛麟角。"风口"惠及的也只是那些有"资金"和"项目"来源的头部风险投资机构。

不仅是在项目的选择上相对草率，对于项目的投后管理更是成为揭不开的伤疤。一位头部投资机构的常务副总裁告诉我，连他们这种级别的机构都没有专业的投后管理，最多只能叫"投后关怀系统"，也就是把钱投出去之后每周打个电话关心关心。另一位产业投资机构（CVC）的负责人说得更直接，我们是"投后烧香系统"，投出去就只有看"命"了。

但在不确定性里，大量研究者都希望能够构建一个模型，精准衡量互联网商业模式的价值。但若干的努力之后，关于互联网项目的估值不仅没有越来越清晰，反而越来越模糊。甚至，诸如"早期投资就是投人（创业者）""商业模式和战略就是打出来的"之类的说法已经成为业界共识。但坦白说，这样的标准其实就是没有标准。

过去几年里，互联网经济的繁荣离不开创业者和资本两方面的热情，这种热情当然产生了泡沫。但泡沫并不是坏事，只是伴随增长的一个必然产物罢了。我们关心的是，泡沫之后将会留下什么，那就是价值的水位。

我们发现，在一片浮躁中收获最后胜利果实的创业者和投资者，都有共同的特点——他们擅长从商业模式的角度看价值，甚至能够看到商业模式在终局的价值。我始终相信，优秀的创业者和投资者风格各异，有的喜欢在媒体上带节奏，有的喜欢大隐于市，但**他们一定都有自己鉴别商业模式价值的标准**。有了这些标准，创业者得以构建商业模式，得以制定商业战略；而投资者得以慧眼识珠，携手赋能；双方得以一步步向终局靠拢，共同收获最大的回报。有了对价值的坚持，估值（价格）的浮动只是幻象，不足以扰动人心。

但有意思的是，在这个互联网的江湖中，创业者和投资者显然都不会是总结这类标准的人。他们忙于江湖的腥风血雨，哪有心思来教育行业？况且，每个成功者都有自己的语汇和案例，又如何能够让这些精彩的观点融会贯通？

作为商业模式和战略的研究者，笔者这类人似乎还可以做点什么。事实上，在创业者和投资者的奋勇冲锋后，研究者们的及时事后总结提炼，总能让商业模式的逻辑逐渐从混沌到澄清。当然，除了作为研究者，笔者也以顾问的身份长期深度伴随房多多、游族网络等独角兽公司的成长，经历了它们发展中的跌宕起伏，获取了大量互联网商战一线的一手资料。这似乎为我们的总结提炼工作提供了更好的便利。

大多时候，高质量的事后总结都像是给了当时的浅薄认知当头一棒，也让人扼腕——这么简单的道理我当时怎么没有想通。如果我们能够给出关于商业模式价值的标准，是不是能够在一定程度上减少这种遗憾？

这本书的读者应该包括两部分：

一是创业者。我们希望让更多的创业者回归对于商业模式价值的追逐，而非蒙眼狂奔看估值。

二是投资者。我们相信，互联网经济的物种更替和资本寒冬的来临必然让投资者更加谨慎，回归价值投资，他们可能也需要一些外部的声音。

对于那些没有专职研究部门的投资机构，尤其如此。

本书将围绕商业模式的价值创造和价值捕获两条线索进行论述，并尽量用大量数据和案例来佐证我们主张的逻辑。在数据的来源上，我们尽量使用了上市公司财报或招股说明书这类具有一定公信力的数据。对于除此之外的其他数据，我们也采用了"交叉验证"的原则，即两个不同信息源头的数据如果没有方向性冲突，方可被采信。

全书共分为三篇：

上篇按照项目从种子期到 Pre-IPO 的全生命周期进行论述，为每个阶段如何打造商业模式的真正价值给出了方向和一些方法，同时也提示了若干陷阱。

中篇聚焦激战正酣的消费互联网（即 to C 市场）。这个市场是流量战争的市场，我们分析了流量的走向、变现、生态等，希望揭示流量的终局在哪里，谁将是流量战争最后的胜利者，谁又能从流量中获得最大利益……

下篇聚焦还处于发展初期的产业互联网（即 to B 市场）。这个市场被行业和专业切割为了若干江湖，但每个江湖里都水深鱼大，每个江湖还有千丝万缕的联系。我们在尝试分析数据的基础上，找出了一些趋势和空间。

简单来说，上篇是具体的行动指南，而中下篇是行业图谱。

一年前，我曾对一位极度成功的创业者谈及，估值过高是一种"诅咒"。他高度认同，并回应："非常认同，如果我们一开始估值过高，可能走的就是那种烧钱模式了。那么，资本寒冬一来，投资者的钱接续不上，我们必死无疑。现在最让我骄傲的就是，我们真正为行业创造了价值，而且我们是赚钱的公司。当然，估值也上去了，但这点反而不那么重要了。"

追逐价值，忘记估值，后者只是一个自然而然的结果。

打造价值型商业模式，就是创造高估值最好的方法。

HIGH VALUATION

目 录

序　追求价值，忘记估值

上篇　衡量互联网商业模式

第一章　打造有效的流量池　　　　　　　　　　004
聚焦确定流量池　　　　　　　004
有效流量池的四大标准　　　　006
战略与商业模式　　　　　　　011

第二章　创始人的素养　　　　　　　　　　　　015
价值观坐标　　　　　　　　　015
战略素养　　　　　　　　　　018
创业者矩阵　　　　　　　　　021

第三章　创造真正的增长　　　　　　　　　　　024
增长黑客的逻辑　　　　　　　024
何为北极星指标　　　　　　　026
建立基本增长公式　　　　　　028
剔除有污染的增长　　　　　　031
谁在为海市蜃楼买单　　　　　033

第四章　打造流量资产　　　　　　　　　　　　035
失效的传统估值方式　　　　　035
商业模式本质的估值　　　　　038

流量池评估解析	041
变现力评估解析	043

第五章　布局生态资产　　　　　　　　　　　　047

互联网商业模式分类	048
生态里的物种与业态	049
生态价值解析	052
资源池评估解析	054
变现力评估解析	057

第六章　形成变现能力　　　　　　　　　　　　060

互联网经济的三波红利	060
挖掘数据红利的两要素	063
场景产品力评估	065
云端计算力评估	068
数据红利的未来在哪里	070

第七章　警惕"双杀效应"　　　　　　　　　　　073

管理上的"双杀"效应	073
人效才是组织能力的最佳代言	076
从财务效能看企业真伪增长	079
从全面进攻到防守反击	082

中篇　消费互联网的下半场

第八章　消费互联网世界的流量黑洞　　　　　　088

流量分布的基础格局	088
流量分布的格局变动	091
流量黑洞背后的逻辑	095
流量去哪里	099
流量的商业前途	105

第九章　电商的新风口与大趋势　112

百花齐放到万剑归宗　112
社交电商是出路？　116
内容社交电商是趋势　122
改变电商格局的两股力量　126

第十章　公私域流量的进击与反制　133

流量红利消失　133
公域流量之困　136
私域流量兴起　139
真假私域流量　144
私域流量的经营空间　147

下篇　产业互联网的号角声

第十一章　B2B 电商的成长与进化　154

现实困境　154
转型方向　158
资本流向　162

第十二章　十字路口上的企业级 SaaS　168

新大陆崛起　168
做工具还是做平台　171
做专业还是做行业　176
路在何方　179

第十三章　S2b2C 赛道里的野心与现实　181

跑出来的"产业核弹"　181
路径 1：B2B 电商的进化升级　183
路径 2：B2C 电商的回归本质　185
浮华背后的隐忧　188

模式发展的逻辑	192
第十四章 工业 4.0 的春天真的来了吗	**195**
繁荣盛景	195
重度游戏	198
To C 的模式之争	203
To B 的平台化之殇	205
另一条路	208

HIGH VALUATION

HOW TO CREAT THE MOST VALUABLE INTERNET BUSINESS MODEL?

上 篇

衡量互联网商业模式

如何衡量一门生意的价值，可能是互联网商业世界里最有意思的话题之一。在工业经济时代，商业模式相对简单，通过市盈率（P/E）、市净率（P/B）、现金流贴现（DCF）等简单的方式即可衡量出企业相对公允的估值。但在互联网时代，商业模式变成了万花筒，传统估值方法不再有效，企业真正的价值似乎只能雾里看花。

于是，每个企业家都变成了"故事大王"，甚至好多互联网创业者反复主张"市梦率"，也导致了无数"追风口"的投资机构踩进了无数的坑里。

一个互联网商业模式在上市（IPO）之前，就好比一个花轿里的新娘，很难被人一窥真容。于是，我们只有通过有限的线索去推算她的魅力值。这不是瞎猜，当然需要逻辑。一个互联网商业模式也是从0到1长出来的，在发展的过程中，估值一日千里再正常不过。所以这种估值逻辑也一定不是固定的，而是依据项目的发展阶段而不同。这有点像是在开一个"动态密码锁"，每个时间使用的密码都是不同的。金融的逻辑告诉我们，风险和收益是成正比的，正因为早期创业风险如此之大，这里才会成为创业者和投资者流连忘返的战场。

真正成功的创业者和投资者都掌握了那套"动态密码"，他们在每个阶段有不同的"暗号"（关注点），创业者基于这些"暗号"创造了项目的真正价值，而投资者感受到这些"暗号"，给出了认可的估值。双方因为这些共同的"暗号"走到了一起，成就了彼此。

在接下来的"上篇"中，我们对于每个阶段的商业模式都给出了评估方法：

- 在种子期或天使期,一要看创业者设想的流量池故事是否成立,二要看驾驭故事的创始人是否合格。
- 在商业模式跑出基本原型,拉出增长趋势时,需要甄别这种增长的真实性。
- 当商业模式开始构建时,要依次评估流量资产(需求)、生态资产(供给)和转化能力(撮合能力)。
- 当商业模式搭建完成,需要分析其财务和人力资源两方面的效能数据。

第一章
打造有效的流量池

互联网风口逐渐消失，加上宏观经济寒冬带来的募资难，资本变得异常谨慎而敏感，草创时代里用PPT融资的历史已经一去不复返。早早期项目没有数据，只有故事，即使有数据，也都是残缺不全的，唯一只能看逻辑。而未来一段时期内，资本对于商业逻辑的计较势必愈加严苛。

从另一个角度讲，在过去很长一段时间里，投资人容忍了早早期项目里的商业计划书（创业者的构想或故事）与后来实际的项目千差万别的状态。甚至，用"战略是打仗打出来的"来为这种状态开脱。但是，创业必然需要商业模式的基本逻辑，如果我们能够识别这些逻辑，就能够绕开那些"深坑"。

在早早期，对于互联网商业模式来说，最应该关注的逻辑就是——流量池是否真实有效。

聚焦确定流量池

无论是哪种互联网商业模式，都是以流量作为基础的。基于流量的需求，引入各类在线供给，形成交易，获取收益，这是普遍的逻辑。

但早早期项目最容易犯的错误是"两头抓流量"。这样会导致创业者在商业逻辑中摇摆，两头都无法聚焦，商业模式越来越散，最后，在每一个细分领域都失去竞争力。

例如，做 B2C 商业模式的，一定要确定自己的流量池究竟是 B 还是 C。如果流量池是 B，就应该基于 B 类流量的需求，引入匹配的 C 类用户；反之，如果流量池是 C，就应该基于 C 类流量的需求，引入匹配的 B 类商户。前者典型的是阿里巴巴，他们的愿景是"让天下没有难做的生意"，显然，他们在早期最关注的流量池是 B 类商户，只要有 B 类商户在，C 类用户一定跟着过来；后者典型的是小红书，其通过社交形成了大量的 C 类流量池，只要 C 类用户在交互，一定有需求产生，自然可以精准引入 B 类商户。

试想一下，如果一个商业模式在早早期主张既关注 B 端又关注 C 端，就可能无法形成赛道的聚焦。因为，两端必然都有自己对于另一端的要求，自然引入平台的两端不可能无缝匹配，创业者必然为了满足现有的 B 端商户去引入匹配的 C 端用户，反之，也会为了满足现有的 C 端用户去引入匹配的 B 端商户。这样一来，两头越长越大，相应的导流成本越来越高，运营难度更是越来越大，留存数据难看到吓人，又进一步增加了导流成本。最后，不赚钱的商业模式变成了大杂烩，毫无竞争力可言。即使用钱把体量烧到庞大，稍微一个精准聚焦的商业模式就可以从大杂烩里撕扯走一块蛋糕。

早年看到的一个垂直电商项目，在 B 端用加盟与直营之间的模式拓客（这个模式很巧妙，实际上是一种金融玩法），大量拓展商户，在 C 端则希望通过打造垂直社交平台来拓展用户。你想想，这种玩法不是要把阿里巴巴和拼多多、小红书、蘑菇街杂交到一起吗？如果真有这种可能，马云还不通吃天下？马化腾还不跳起来？结果，那个垂直电商项目最终是"一顿操作猛如虎，定睛一看原地杵"，最后还得乖乖地回去经营 B 端流量池，这是他们的基因。现实是，不可能让鱼长出翅膀，也不可能

让鸟长出鱼鳃，两者基因不同，无法杂交。[一]

无数例子可以证明企业的"既要，又要"纯属妄念。典型的一个现象就是，互联网创业者把野心体现在移动端的 App 上。一个 App 无数的次级界面、无数的按钮，比 PC 端的应用还复杂烦琐，体验糟糕，跳出率极高。另外，大量的互联网企业都没有建立流量池的运营部门，导入的流量自动流失甚至加速流失，最后又只能用高价导流，将过去的工作再做一次。

其实，确定流量池的另一层含义是让创业者们认识到自己能力、资源、时间的限制，意识到自己不是无所不能的，将有限的林林总总投入到聚焦的赛道，力图打穿打透！对于流量池的选择，决定了互联网商业模式的基因。

反过来说，如果资本碰到一个口若悬河的创业者，描述了一个大到不能再大的蛋糕，认为自己这也可以做，那也可以做，供给侧是优势，需求侧也是优势，B端是优势，C端也是优势，那多半就可以笑笑拒绝了。

有效流量池的四大标准

流量池是互联网商业模式的立足之本，也是项目估值的主要依托。但在流量极度商业化的时代，用资本的钱买流量，做出数据再引入资本，似乎已经变成若干创业者的法宝。面对性感无比的流量池数据，如何判断其有效性呢？

这里给出四大标准。

其一，建立在痛点满足基础上的流量才是有效流量。

痛点 = 需求程度 × 需求频率，所以，有效的流量必然是极度需求且高频需求的。如果不是建立在痛点基础上，仅仅是通过一些营销手段获得了流量，这种流量根本没有任何黏性可言，活跃度也会极差。

现实中，不少创业者自认为产品很好，缺乏的就是营销能力，希望

[一] 本书下篇里会分析 S2b2C 的商业模式。这种模式的成熟阶段，的确是既影响了B端，又影响了C端，但那是最终的结果，而不是一开始的姿势。

找到一个营销高手来让项目一飞冲天。如果产品真的打到了痛点上,那么,营销能力的确可以放大优势,激活项目;但如果产品对于流量没有那么重要,营销能力就可能反而是灾难。

其二,不单纯计较价格的流量才是有效流量。

互联网商业世界里,砸钱换流量已经成为行规。企业为了导入流量,不得不打折(低价格)、赠送(零价格)、补贴(负价格)。流量变得异常高冷,对于价格更是斤斤计较,仿佛不赠送不补贴都不正常。压力之下的企业自然只能进入烧钱的游戏中,开始恶性循环。

其实,如果创业者认可了流量理应计较产品价格,他们就彻底走偏了。流量计较价格只可能是两个原因:一是找错了流量目标(客群);二是产品不够好。

从流量目标的角度看,目标客群总是综合价格和质量进行选择。所以,如果企业不加甄别和聚焦,一般会遇到四类客群(见图1-1):

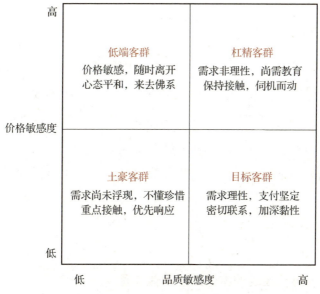

图1-1 四类流量客群

资料来源:穆胜企业管理咨询事务所。

- 低端客群——对于价格高度敏感，但对于品质却得过且过，他们随时可能离开，价格是唯一的信号。所以，这种流量并非目标，对于他们应该心态平和，来去佛系。
- 杠精客群——对于价格高度敏感，对于品质也有很高的要求，他们不懂行情，但极度追求"物美价廉"，需求是非理性的。所以，对于这类流量可以保持接触，伺机而动。当他们经过了市场的教育，需求回归理性，愿意支付合理价格了，也会成为有效流量。
- 土豪客群——对于价格不够敏感，对于品质也无所谓，他们的需求尚未浮现，不会懂得产品的好，购买仅仅是因为有钱。面对这类客群，可以重点接触，当他们的真实需求浮现时，也要优先响应，毕竟他们是有支付能力的。
- 目标客群——对于价格不够敏感，对于品质却高度敏感，他们需求理性，知道产品好在哪里，也愿意支付合理的对价。这类客群才是建立流量池的"灯塔"，企业应该不顾一切地与他们建立联系，并全力加深黏性。

从产品的角度看，只要是理性的客群，都会愿意为质量支付相应的价格。长期来看，市场本来就是公平的，即使有短暂的不公平，也会被市场机制矫正（见图1-2）。一方面，当质量高而价格低时，超高质量会吸引流量进入抢夺产品，自然会引发价格上涨；另一方面，当质量低而价格高时，虚高的价格会挤出流量，自然倒逼产品降价。所以，如果企业选择了理性的目标客群，却还在抱怨他们在乎价格，本质上就是因为产品不够好，说不好听点，有点"刀钝却怪豆腐硬"的矫情。

其三，能持续变现的流量才是有效流量。

如果我们选择了好的客群，并且给予了他们好的产品，他们就一定能够被留住吗？并非如此，因为流量的需求是动态的，他们每时每刻都在计较自己的"获得感"，他们今天的满足并不意味着明天的留存。

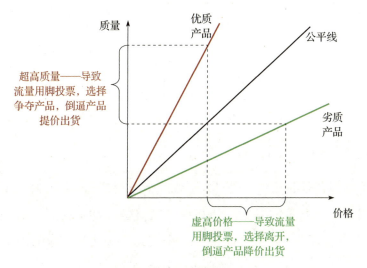

图1-2 流量市场矫正图

资料来源：穆胜企业管理咨询事务所。

所谓"获得感"，是指流量从产品上感知到的满足程度。流量对于产品的满足感存在一个钟状曲线的规律（见图1-3）。简单来说，作为流量的用户或商户是持续成长的，其在某个阶段会涌现出对于某些产品功能的强烈需求，一旦产品提供了这种功能，流量的获得感就达到了巅峰。但随后，用户或商户的需求程度会迅速下降，并将企业提供的这些功能看作理所当然，获得感迅速下降（直到一个拐点，而后再缓慢下降）。这种需求程度的下降一方面是因为"习惯了，不懂珍惜"，另一方面则是因为新的需求开始涌现，注意力被转移了。事实上，在用户或商户的成长过程中，会不断涌现出新的需求，钟状曲线层层叠加，挑战产品的交付能力。而只有那种能够一直提供交付，保持流量获得感的产品，才能建立真正的黏性。

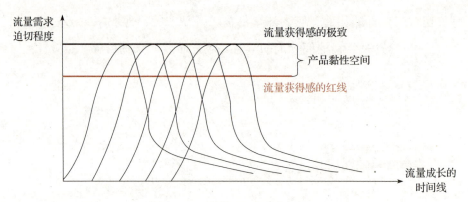

图 1-3 流量满足感钟状曲线图

资料来源：穆胜企业管理咨询事务所。

真正的规律是，用户（商户）的获得感 > 用户（商户）的产品使用能力，流量才不会离开，这样的流量池才有价值。举个更简单的例子，一个普通的小镇青年（企业）如果和一个白富美（流量）恋爱，结局大概率情况下是悲剧，因为，小镇青年最初可能通过"抖机灵"，让白富美感觉到另一种生活的新鲜，但他无法持续为白富美提供获得感。如果将两者关系类比为企业和流量（这个例子当然也可以反过来），那么，只有小镇青年不断提供新的交付，让白富美的获得感超过其使用产品的能力，白富美才会一直认可他的魅力值，对他长期着迷，恋爱才会越来越稳固。

所以，流量的获得感有一条红线，这是持续黏性的本质。企业必须不断创新，确保在高位上给予流量获得感，而非落到红线以下。如果企业提供的产品是免费的，是否有获得感就是伪命题，正如大量互联网产品的流量留存都是伪命题，因为人家没有获取成本，留存并不能测出真心。而当企业提供的产品是有价的，此时的留存就是因为流量真的需要产品。所以，考虑这个原理，如果企业一直能维持获得感红线以上的交付，流量不仅会被留存，还会被持续开发变现，这才是有效的流量池。

其四，有壁垒的流量才是有效流量。

要基于流量池的逻辑进行估值，我们还需要把所谓"有效"的标准变得更苛刻一点。因为，即使满足上述三个条件，企业也未必就不会遇到超级对手，我们认为有效的流量池，是能够基于壁垒抵御超级对手的。

互联网商业模式真正的壁垒，还是在于网络效应。以前的文章里提过，网络效应分为两种：一是同边网络正效应；二是跨边网络正效应。

前者意味着平台一端形成了网络状的连接（需求侧的流量网络或供给侧的资源方网络），因此，每增加一个节点，形成的价值输出是更大的。例如，社交网络里每增加一个节点，带来的价值增量是递增的。所以，互联网公司先走一步，就领先了许多。

后者即诺贝尔经济学奖获得者梯若尔等人提出的"双边市场理论"。这意味着因为平台一端网络的强大，吸引了另一端节点的进入，导致另一端网络的强大，因此又反哺到了最初一端的网络。于是，两端相互强化，越来越壮大。正如电子商务平台上，用户的增加会导致商户的进入，商户的增加又会导致用户的进入。

互联网商业模式是若干要素有机组合的系统，IP、营销能力、运营能力、计算能力、政策、资金……任何一个要素的碎片都不足以形成持续的壁垒。真正检验是否存在壁垒的标准就是两种网络效应形成的指数级增长是否足够明显。从这个角度看，即使现在不少融资融到五六轮的项目，依然还没有"上岸"。

战略与商业模式

其实，这一章谈得更多的是战略，而不是商业模式。

按照商业模式研究先锋阿米特（Amit）和佐特（Zott）的观点，所谓商业模式，即利用商业机会创造价值而设计的"交易活动系统"。说通俗点，商业模式就是以价值创造为出发点设计多角色的交易关系；而所谓战略，包括竞争战略和合作战略。合作战略偏向商业模式，竞争战略起源于战争，是基于对手产生的，关于如何进攻和如何防守。可以说，商业模式定义了一个"新市场"，而（竞争）战略引导企业如何在这个"新市场"里竞争。

北京大学光华管理学院王建国教授认为，商业模式和战略（专指竞争战略）之间是交替上升的关系。在同一个市场的战略竞争中，如果有企业能进行商业模式的创新，就可以跳出竞争，进入蓝海；而如果商业模式被模仿（虽然有难度），新市场就会有大量的进入者，从而变成红海，又会迎来战略竞争，直到有下一个企业进行商业模式创新，跳出红海。

互联网时代，技术带来了商业模式创新的大量机会，导致新兴互联网企业层出不穷，这是好事。但与此同时，对于战略的忽视却达到了空前的程度，大量创业者似乎认为，只要通过整合资源的商业模式创新，就能够避开竞争，赢者通吃。所以，在面临同一商业模式下的刺刀见红时，他们才会大量犯下竞争战略上的低级错误。

所谓低级错误，绝对不是在任意贬低创业者，而是指逾越常识的行为。古今中外，有关竞争战略的巨著汗牛充栋，一些常识性的原则虽然被反复提及，却依然被随时遗忘。本质上，这还是因为制定和执行战略的人对于这些原则不够坚定。对于竞争战略来说，最重要的原则无疑是"用强点攻对手的弱点，确保必胜"。但这个原则被坚持了吗？

2017年2月14日，美团在江苏省南京市试点上线运行打车业务。2018年3月6日，滴滴在南京等9个城市报复性地推出了外卖业务。在一次访谈中，当谈及滴滴和美团接下来的"战争"时，程维引用成吉思汗的一个典故回应：尔要战，便战。这种"报复"就是典型的不理性，美团试水打车，是人家先计算好的，想试试现有的"吃、住、玩"和

"行"的场景能否打通。相比之下,滴滴做外卖,就带有更多的情绪了。至今为止,从数据上看,两边的跨界似乎都不够成功,但前者是算好的试验成本,而后者就是无谓的牺牲了。2019年2月15日,程维在公司月度全员大会上,公开宣布裁员15%,对非主业进行"关停并转",涉及2000人左右。不妨想想,这个损失是不是可以避免?战略不是好勇斗狠,是取巧基础上的深耕,从来没有"大力出奇迹"一说。

亚马逊的贝佐斯认为,战略应该建立在不变的事物上。其实,只要是在这个市场里,就应该看到终局,基于终局来建立思维的坐标并制定战略(形成原则)。也就是说,战略建立在不变的坐标上,是可以"反脆弱"的,不管是"灰犀牛"还是"黑天鹅",都不可能动摇这种坐标。

互联网企业在商业模式和竞争战略上有四种可能(见图1-4):

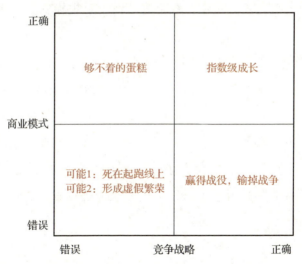

图1-4 互联网企业在商业模式和竞争战略上的四种可能
资料来源:穆胜企业管理咨询事务所。

一是"商业模式错误—战略错误"。商业模式设计上的不足造成了预想的流量池本身就是个伪命题,而在战略上又通过蛮力去开疆拓土,其结果要么是死在起跑线上,要么是经不起考验的虚假繁荣,这些项目是资本跟进后烧钱烧出来的，如汽车后市场的保养、洗车项目等。

　　二是"商业模式错误—战略正确"。商业模式设计上的不足造成了预想的流量池本身就是个伪命题，但竞争战略确保自己的强点打对方的弱点，能够赢下某个战役，却最终会输掉整个战争。这种状态其实很危险，一段时间里，企业甚至会坚定地认为自己的方向是正确的。其实，不是方向是正确的，而是方法是正确的，两者大不相同。

　　三是"商业模式正确—战略错误"。商业模式设计合理，有效流量池的逻辑是立得住的，但战略上不够巧，导致商业模式一直无法激活，永远盯着一块"够不着的蛋糕"。

　　四是"商业模式正确—战略正确"。商业模式设计合理，有效流量池的逻辑是立得住的，而企业也能够通过正确的战略稳扎稳打，激活商业模式。这样一来，企业快速将流量池推到一定规模，打造壁垒，形成指数级增长。

　　对于早早期项目来说，流量池是否有效是为其估值的唯一标准。要实现这个目标，创业者需要去掉"既要、又要、也要、还要"的妄念，基于自身基因来专注于一个流量池。而这个流量池，必须要经得起四重标准的考验。要达到这个效果，商业模式上的合理设计只是条件之一，其重要性有可能还被过度夸大了；如何在商业模式界定的疆域里选择"聪明的竞争战略"是另一个条件，这可能才是竞争的胜负手。

第二章

创始人的素养

"早早期"项目中,创始人应该讲述一个能够自圆其说的"故事",这个故事的核心就是"流量池"是否成立。但是创始人的思维模式都是固执的,从这个角度说,我们更多应该观察的是创始人的思维模式是否适应互联网时代的商业规律,而不应该让他们认可某些原则。宿命论一点的说法是,企业家就是企业,企业家是什么样的人,企业就有什么样的未来。

在传统行业中,产业容错性比较强,又有过往若干年的规律可言,创始人的特质不见得会立竿见影地显现出影响。但互联网世界是全新的赛道,创始人的影响会被放大到极致。所以,"早期项目的估值就是看人"的说法也有一定的合理性。

本章,我们将尝试谈谈谁是合格的互联网企业创始人。

价值观坐标

笔者有一个观点:不要与价值观不一致的人谈契约,因为坐标不一致,双方达成的共识没有任何意义。这个观点同样可以用于判断创始人是否合格。过去，商业世界的斗兽场内，枭雄的胜利比比皆是；但如今，在互联网时代里，最终的胜利者一定是拥有大格局的英雄。

互联网经济发展至今，所有局中人都已明白：一端打造流量池，一端引入资源池，再撮合两端交易的平台型商业模式将成为生态底层，而每个行业都可能会出现一个"超级平台"。正因为这个判断，无数的创业者前赴后继，试图脱颖而出。但在这些创业者中，不少人的价值观"很不平台"。

投机套利者

这类创业者的商业模式是面向风险投资者（to VC）的，他们信奉以资本托底，大干快上，完成行业整合。具体来说，用故事吸引资本进入获得天使投资，用赠送硬件、补贴等形式获取流量，再挟持流量以令第三方资源进入。整个过程中，每个节点都有可以向资本诉说的故事卖点，于是A、B、C轮融资源源不绝……这类堪称"空手套白狼"的故事，也被一些吃瓜媒体或山寨导师口口相传，成为商业模式的经典案例。

问题在于，在这类投机套利者的眼中和口中，都是平台通吃天下的美好未来，但他们却很少思考自己能为平台带来什么。故事谁都懂，但凭什么一定是你来实现行业整合？搭建平台的人不能用一端没谱的故事去整合另一端，更不能用没谱的故事去整合资本，而必须用自己建立在核心竞争力基础上的投入给各方带来实实在在的好处。这个好处一定不能是单纯的"以利相交"（指补贴等），因为这样不持续。

在千团大战中，美团面对融资比自己多得多、攻势更猛的强敌，率先用线上技术解决了商户的返佣问题，这成为其立足之本。房地产经纪平台房多多同样是以经纪人商户作为流量池的商业模式，他们针对房地产经纪人分佣慢、分佣难的问题，推出了名为"闪佣宝"的金融工具，也是同样的思路。

当然，我们也不能否认过去有用故事完成行业整合的成功者。但说穿了，那是人家的"命"，那是资本们在风口时代"赌"出来的结果，你不能把这样的故事看作模式。同样，有的大资本在风口兴起时习惯将一把飞镖扔向靶盘，即做这个行业的都投，人家的逻辑是，只要有一只还留在靶上，就赌赢了。但这个模式未来还可能复制吗？

成吉思汗

这类人信奉行业"大哥"牵头，或者背靠政府背书，搭建行业平台。这种整合逻辑无非是，行业接网是大势所趋，不转型大家都得死，如果跟着大哥，大家可以一起富贵。但是，要跟着"大哥"一起富贵，就要把你的流量搬上平台，就要交出控制权，听大哥统一指挥。

在这个逻辑下，各种行业里产生了若干联盟，签了无数的战略合作协议。其结果是，各自心怀鬼胎的几兄弟，都会以自己的利益作为第一标准，都会在线下保留自己的自有流量，并不会行动一致地将流量搬上平台。这成为一个典型的"囚徒困境"。即使有的企业用"流量换股权"的方式来让大家"缴枪"，效果仍然乏善可陈，原因在于，股权究竟有多值钱还是未知数，大家还是在保护自己的利益。最后，行业大哥只有用威胁的方式——你不跟我，我就打死你。于是，行业大哥枭雄本色再现，用成吉思汗的方式来征服互联网。

真正的问题还不止于此。

其一，当平台从属于大哥，其呈现的必然是大哥对于行业的理解，服务于大哥的利益，这就变成了大哥的渠道，失去了其开放性，依然无法实现赋能行业的效果。此时，大哥会告诉你，不要把平台和大哥我对立起来，大哥我和你一样，都只是平台的使用者之一。但是，你信吗？

其二，整合头部流量的方式，实际上是走了捷径，无非是把线下交易转移到线上，并没有在本质上提升行业的效率。笔者的一位从事大宗贸易的企业家朋友，在烧掉近亿元打造行业平台之后，发出自问自答的感叹："在我们这个行业，互联网交易平台的逻辑真的成立吗？"现实是，互联网对于产业效率提升的真正表现，在于整合长尾需求与冷门供给（前几章里我们已经提到过）。当然，有的过于散乱的供需无法整合，但整体逻辑一定不是从头部供需往下看，而是从尾部供需往上看。

时间将会证明，只有秉持长期主义的企业家才能最终拥有平台。互联网经济的下半场，平台型商业模式一定是"持久战"而不是"闪电战"。而长期主义的背后，是创始人自由、平等、开放的价值观，这与互联网代表的商业民主精神是高度一致的。

战略素养

当我们确认创始人的价值观"足够平台"，接下来需要确认的事情就是他们的战略素养如何。能走上创始人位置的人，无论创业体量大小，多多少少都具备一些魅力，但千万不要把魅力等同于战略素养。前者随处可见，连一些江湖术士都可能具备，而后者则是商界的稀缺品。改革开放过程中成长起来的中国企业家，大多胆子大、脑子活、路子野，但能够沉下来思考战略的，寥寥可数。

这里，我们很难为战略素养建立一个模型，用以评估创始人，但是，我们却可以从辅导企业家的过往经验中，提炼出几个最容易犯的错误。

错误 1：不做战略洞察

接触企业创始人时，最大的感叹是，大量的人很难告知有关行业的确切数据。这让人疑惑，难道他们的决策就是基于这些模糊的数据？企业创立初期，没有专门的战略部门或情报收集部门，尚且情有可原。但是，创始人自己对于战略洞察是否有要求，这就是一个本质的区别。

让我们把要求再放松一点，即使不能对行业的数据如数家珍，总能够了解这个行业里大概发生了什么吧！但当问道"你们对标的是谁，国外有相似的玩家吗"，大多数的答案都是："我们是独一无二的，没有对标。"这难道不是典型的夜郎自大的表现吗？

如果没有过往数据，不了解现在发生了什么，创始人自然也难以预测未来的若干趋势。如此一来，他们就很难提前布局未来，很难从现在开始就建立自己在未来的优势，他们的若干行为就依然像是在追涨杀跌，成功率可想而知。

错误2：没有战略原则

战略原则，就是关于"做什么，不做什么"的铁律。也许，前半句还没有那么重要，重要的是后半句。其实，战略的本质就是放弃，因为，选择人人都愿意，而放弃却人人都不舍。企业掌握的资源和能力是有限的，有所放弃是必然的。所以，当问道"在这个赛道里，哪些（客户或方式）是你们不做的"，大多数创始人都会犹犹豫豫，他们根本没有想清楚自己能做什么，不能做什么。

关键在于找准"着力点"。所谓的"着力点"有三个标准：其一是客户最需要的地方；其二是对手相对较弱的地方；其三是自己最强的地方。请记住，一定是以上三个条件同时满足。如果没有"着力点"，企业必然四面出击、资源分散、战事连连，却很难高下立现。大多创始人表面的骁勇好斗，实际上是缺乏布局谋篇的能力。真正的战略家，在发起战争之初，就已经有必胜的把握，这个可称为"事先算赢"。

某个企业面临两难：旧市场日渐没落，但依然是利润池；新市场尚在孕育，但未来放量趋势明显。所以，公司有限的资源在两条战线上分散投入，旧市场不敢放手，新市场的项目不断上量，员工疲于奔命，却形成了一个又一个亏损。当被问及"什么才是你们真正选择的市场"

时，创始人往往回答："只要是现在赚钱的和未来可能赚钱的，我们都应该做。"

错误3：没有战术原则

即使有了战略的原则，我们依然相信，大量的企业会在战术执行的过程中逐渐走样。原因很简单，精心选定的赛道充满未知，挑战巨大，而"走老路"的诱惑一直存在。即使创始人最初坚定，但依然会有无数的执行者试图用变形的战术磨掉他们的原则，此时，就是考验创始人战略定力的时候了。

举例来说，某个企业确认了用更加敏捷的服务来应对小客户，但这条路很苦，意味着要打造强大的柔性供应链，相比起来，做大客户却能够带来直接的业绩数据。于是，执行者一定会走自己认为合理的路，并为了拿下大客户不断要资源，如打折政策、账期政策、流量投放、人力编制、人工成本……但仔细想想，投入巨量资源拿下来的这类业绩，真的是企业所需要的吗？对于平台真的有意义吗？

说白了，真正有战略定力的创始人，不应该相信"大力出奇迹"，反之，一旦有人想要走入"大力出奇迹"的老路，他们一定要警惕。

错误4：决策缺乏连续性

创始人普遍缺乏的一个战略素养是"决策的连续性"，他们可能关注目标，可能关注策略，却普遍很少关注"行动规划"。即使有"行动规划"，这些规划更多也是不严谨的拍脑袋决策，根本缺乏客观条件的支撑，基本难以落地。笔者强调"行动规划"的重要性，其原因在于只有"行动"的紧迫感，才会让企业不得不去判断哪些行动是重要的，应该先做，也只有"行动"的具象化，才会让企业去思考资源的分配问题。如果不用这种方式来"冻结"各方的共识，企业定好的战略战术，在执行过程中难免会不了了之。

一个完整的战略系统，除了战略洞察、战略原则、战术原则外，还需要具备以下要素：

⊙ 战略解码——对目标进行拆解。
⊙ 战略地图——要找出子目标之间的逻辑联系。
⊙ 战略排期——在不同节点配置不同资源，实现不同阶段性目标，即对战略的实现路径进行规划。

激情派的创始人也许不会同意上述观点，他们的口头禅是"战略是打出来的"，杰克·韦尔奇"追求似乎不可能达成的目标"的观点也成为他们的论据。但别忘了，韦尔奇还说过，"实现战略的第一步就是找出令人惊讶的特质，以获得具有可持续性的竞争优势，换句话说，就是对制胜之道形成深刻而有意义的见解。"他甚至认为，"没有竞争优势，就不要参与竞争。"

现实中，老板对下属"拍数字下指标"、对投资者"拍数字给承诺"是最愚蠢的行为，本质上是认知水平不足，缺乏战略素养。

创业者矩阵

用如此严格的标准去筛选创业者，最终能留下多少合格者？但事实不正是如此？创业者中真正能够成功的凤毛麟角，这才是客观规律。

价值观是创始人身上固化的品质，很难改变，却易于观察，从创始人若干行为的蛛丝马迹中都可以发现。战略素养是创始人身上后天习得的知识和技能，是靠经验累积的，这个方面有就是有，没有就是没有，很好判断。

基于这两个维度，我们可以把创业者分为四类（见图2-1）。

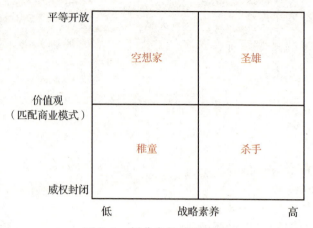

图 2-1 创业者的战略素养

资料来源：穆胜企业管理咨询事务所。

第一类创始人是"稚童"。他们异常看重自己的一亩三分地，同时又没有将商业模式落地为行动的战略素养，只能幼稚地呼喊一下自己的理念，而周围人显然也不会在意他们说了什么。

第二类创始人是"空想家"。他们有开放平等的价值观，但缺乏将价值观落地为事业的战略素养。这好比书生闹革命，谈到自己的理想国，激情澎湃；一旦开始做事，漏洞百出。在观察过不同年龄段的创始人之后，我有个异常强烈的感触——经验是无法逾越的鸿沟。而回想2014年前后，在"互联网思维"如火如荼的"风口期"，整个社会的舆论一致推崇 90 后创业，甚至矫枉过正地认为互联网只属于年轻人，这是不是走入了误区？事实上，太多创业者连财报都不会读，又怎么可能创业成功？

第三类创始人是"杀手"。他们更看重自己的帝国，皇权思维根深蒂固，同时还具备一定的能力来打造这个帝国。这类创始人颇似"项羽"，表面看特别有人格魅力，但是，他们能做"小创业"，却不能做"大创业"，能偏安一隅，却不能平定天下。如果用互联网平台型商业模式的标准来看，这类创始人是应该被警惕的。

《史纪》中，韩信评价项羽是"匹夫之勇，妇人之仁"。"匹夫之勇"说的是他听不进别人的意见，不愿相信别人，连一个范增都用不好。项羽喜欢身先士卒，每次打仗都冲在最前面，但作为一个将军不去信任将领，让他们去厮杀，这不过是匹夫的勇气罢了。"妇人之仁"则是说他优柔寡断，缺乏格局。当部下生病了，他会因为同情而哭泣，可是真等到部下立下战功，他却舍不得封爵位给他们，大印都刻好了，还放在手里搓来搓去，舍不得送出去，这只是妇人的仁慈。

第四类创始人是"圣雄"。 他们犹如圣雄甘地一样，既有远大的理想构建，又有脚踏实地的战略执行。他们的价值观早已形成，他们的战略素养则是经过了千锤百炼。他们擅长一砖一瓦地构建商业模式，又甘于在商业模式构建成功后退出舞台中心。用《道德经》的话来说，"太上，不知有之"，即最高明的领导，被领导者根本不知道他的存在，大家还会觉得自己的成功都是因为自己的努力。

想想，这是多么纠结的要求！话说回来，能够平定一个产业的人，也不会是普通人。正因为如此，有的风投机构的投资逻辑并不是投产业、投风口、投项目，而真真正正是"投人"。某头部风投机构的高管告诉我："××是连续创业者，从他手上做出来的项目做一个成一个，我们太清楚他的价值了。所以，只要是他要做的事情，我们一定死跟，项目都不看，我们也会跟进。"

商业模式的故事再好，最终驾驭故事的依然是人。故事可以抄袭，但人终究是不同的。从这个角度说，企业家是企业的底线，也是企业的上限。

第三章

创造真正的增长

如果企业尚处于初创期,大量信息处于混沌状态(例如企业尚未开始获得流水,根本观测不到 ARPU[⊖]、GMV[⊖]),我们就需要从增长的趋势去判断其商业模式的价值。但是,用简简单单的用户数量、资源方数量、活跃度等指标来衡量增长又显得草率,无法洞悉商业模式的价值,反而容易陷入虚假繁荣的"增长陷阱"。在互联网经济的上半场,资本汹涌而来,为创业者手持银弹"买量增长"创造了条件,不少资本和创业者都曾经为这种陷阱买单。

本章,我们将探讨互联网企业的增长问题,并尝试评估这种增长的真伪以及背后代表的商业模式价值。事实上,增长不仅仅是初创企业面临的最大挑战,即使是成熟的企业(假设以 IPO 作为衡量标准),增长依然是不可回避的问题。也许,从这个角度出发,我们更有可能洞悉商业模式的本质。

增长黑客的逻辑

近年来,营销和产品专家肖恩·埃利斯提出的"增长黑客"(hacking

⊖ ARPU, average revenue per user, 即单客(用户)收入。
⊖ GMV, gross merchandise volume, 即成交总额。一般的计算方法是,只要下了订单,生成订单号,就算作 GMV。

growth，其实更应该翻译为"黑客式增长"）概念似乎是硅谷被讨论得最多的话题之一。

增长黑客设计让使用者（用户或商户）眼前一亮的产品体验，并为其附加社交属性，让使用者忍不住主动向朋友宣传或不自觉地推荐（有点类似病毒式传播），以实现产品的指数级增长。而在这个过程中，对于使用者需求的探测和持续运营都是基于数据分析，另外，敏捷地测试与行动也贯穿产品全生命周期始终。

在这种模式的助力下，若干初创公司得以摆脱传统昂贵且效果模糊的"买量模式"，仅仅凭借极低的费用投入就获得流量的快速增长，并在短期内创造了巨大的估值（实实在在的，而非昙花一现的）。

在国外，Facebook、Twitter、Airbnb、Yelp、Zilow等知名企业都在类似逻辑下实现了飞速增长。如果回到国内，最典型的就应该是微信支付偷袭支付宝的案例了。仅仅一个春节，借助"发红包"的社交场景设计，原本只是工具属性的支付产品居然实现了爆发式增长，开通用户破亿，而从头到尾，腾讯几乎没有为用户支付（获取流量的）补贴。

其实，增长黑客的逻辑可以分为两段——体验场景＋数据技术。

"体验场景"是增长黑客的内在逻辑之一，肖恩·埃利斯将其形象描述为"啊哈时刻"（Aha moment）。所谓"啊哈时刻"，就是用户在使用产品时"眼前一亮"的时刻。这种时候，产品必然释放了一种无法替代的用户体验，而这往往基于一种特定场景，是产品的核心价值。例如，对于Yelp（类似国内的大众点评）来说，这种体验来自用户现场查阅当地餐馆及其他商家，并获得来自其他用户的真实评价时。再如，对于Twitter（或微博类产品）来说，这种体验是用户看到自己关注的人的适时动态，感觉到对方"就在身边"时。可以说，"啊哈时刻"是持续增长的基础，有了这个基础，使用者就会忍不住与朋友们进行分享，这就是产品指数级增长的基础。

"数据技术"是增长黑客的另一个内在逻辑。当产品具备了"啊哈时刻"的属性，还需要引导用户去发现它，而这就需要精确的数字分析。例如，Twitter 发现很快关注了 30 个人以上的用户比其他用户活跃得多，更容易留存为核心用户。深入挖掘数据之后，发现 30 个人以上的关注量形成的信息量，能够提供让用户为之"啊哈"的体验。这个阈值是如何发现的呢？原来，通过群组分析，Twitter 的增长团队发现每个月访问至少 7 次的用户中有 90%～100% 会留存到下一个月，而"7 次"这个临界值在统计结果中异常明显。再接下来，他们发现每月至少访问 7 次的用户中，普遍关注的用户数都在 30 人以上，于是，30 人就成了阈值。再深入分析（用户采访），他们又发现了 30 个人的关注数之外，"回关"（当别人关注了你时，你也回过来关注他）数据也是关键，1/3 左右的回关数是最理想的。因为，如果有超过 1/3 的回关量，Twitter 就和其他社交网站（如微信朋友圈类似的）没有区别；而如果回关量不到 1/3，Twitter 就变成了新闻网站。接下来的事情就变得简单，Twitter 的增长团队将重心放在了向用户精准推荐关注对象上。

何为北极星指标

在明确了体验场景的魅力并进行了深度的数据挖掘后，企业应该明确商业模式的内在价值，并确定真正能够代表增长的指标，这也就是肖恩·埃利斯提出的"北极星指标"（The North Star Metric）。这个指标代表的是使用者对于产品核心价值体验最直接的反馈行为，换言之，这类行为越多，使用者对于产品体验的认可度越高。在具体的指标上，可能体现为用户（或商户）的数量规模或使用深度，但这类指标毫无疑问都代表了项目价值的增加。

当我们将所有的新兴在线商业模式都归入"互联网行业"时，我们在无形中就将不同的商业模式进行了"同质化"，于是，无数的互联网从业人士都关注PV[一]、UV[二]、DAU[三]、MAU[四]、ARPU等常规指标，并力图在这些指标上实现增长。因此，增长的战争变成了"买量"的红海，太多的人想到了在资本推动下投入巨额的销售费用，反而忽略了商业模式的内在逻辑。但仔细想想，这些指标并非对于每种互联网商业模式都同等重要，反过来说，对于一个商业模式毫无意义的指标，却可能是另一个商业模式实现增长的关键。

举例来说，互联网行业普遍关注的活跃用户数对于不同商业模式的意义就大不相同。对于LinkedIn这类职场社交产品，用户可能仅仅是在需要时才登录，此时，过于激进地去增加活跃用户数就没有太大意义，它们应该关注的指标是线上简历的数量。对于Airbnb这类产品，太多的注册用户数只是一个幻象，更多的订房数才是关键。再举例说，电商类产品与社交类产品比拼"用户占用时长"就没有任何意义。而即使在电商类产品里依然有所不同：阿里这类传统电商明显关注商户指标，其愿景是"让天下没有难做的生意"，关注的是商户端的活跃度。其逻辑是有了更多的商品自然可以吸引到用户，所以，"有效的待售商品数量"必然是重要指标。小红书、美丽说、蘑菇街这类社交电商则更关注用户端的活跃度。其逻辑是有了社交的互动，才能形成头部用户（大V）引领的消费热潮，此时，商品的引入便水到渠成。

肖恩·埃利斯建议互联网企业找到北极星指标，并为其构建简单的"基本增长公式"（fundamental growth equation）。说简单点，是要找到驱动北极星指标的次级指标，并构建其相互之间的关系。这种方式实际上是洞察了使用产品的行为模式，提炼出了"增长逻辑"，这也让企业从纷繁复杂的数据海洋中找到线索，得以引领有效的增长。当然需要提

[一] PV, page view, 即网页访问量, 每打开一次网页（包括刷新页面）, PV计数+1。
[二] UV, unique visitor, 即独立访客访问数, 一台电脑终端为一个访客。
[三] DAU, daily active user, 日活跃用户数量。
[四] MAU, monthly active user, 月活跃用户数量。

醒的是，随着商业模式的迭代，产品可能会切入不同的场景，提供不同的体验，北极星指标也会有所变化。

北极星指标代表的是使用者体验的增值，多数情况下，这种体验增值并不一定表现为用户买单，正如互联网项目大多在早期保持亏损状态。所以，这种指标更适用于对早期项目进行"非精准估值"。之所以说是"非精准估值"，有两个原因：

一是使用者认可的体验究竟能转化为多少的用户买单并未经过验证。正如美图秀秀，其庞大的活跃用户数足以证明产品体验受到广泛认可，但这种体验很难实现线上变现，最终不得不通过售卖美图手机来获得营收（2017年，硬件收入占比82.6%），沦为硬件公司。**二是这种转化成交还依赖于企业自身的商业模式设计和运营水平**。正如摩拜、ofo等共享单车项目尽管拥有庞大的市场占有率，也产生了流水，但在商业模式设计上的粗糙（广告、资金池生意等都未有效纳入设计）却让曾经的辉煌轰然倒塌。

尽管存在诸多的不确定性，但如果我们假设在体验达到一定程度后使用者就会买单，那么，通过北极星指标来判断商业模式价值就不是虚无缥缈的"情怀故事"。

建立基本增长公式

尽管北极星指标如此重要，但肖恩·埃利斯却并未给出一套标准化的方法。这里，我尝试提供一个"四步法"框架。

步骤1：锁定流量池和主赛道。除了少量的自营，互联网企业大量采用平台型商业模式，简单来说，就是撮合供需双方进行交易。就平台两头的供需双方来说，究竟哪个才是"流量池"呢？正如前面传统电商和社交电商的例子中，两类商业模式打法不同，前者是先做卖家流量来带动买家流量，后者是先做买家流量来带动卖家流量，流量池截然相反。

锁定流量池并非是一个可左可右的选择，具体来说，是要基于自身核心竞争力（或者通俗说是"基因"），找到最有把握的一端。当企业确定了流量池的方向，也想清楚了自己基本的核心竞争力，主赛道的选择就完成了。

步骤2：寻找"啊哈时刻"。主赛道并不足以描述企业用什么样的体验感来打动产品的使用者，所以，还应该进一步"细分赛道"。通过数据分析，企业可以发现用户真正在意的是产品的什么功能。事实上，企业初创期的若干产品设计在经过了使用者的验证之后，都会有所调整，这本来就是一个持续迭代、发现真相的过程。例如，Instagram的前身是一个叫作"Burbn"的基于位置的社交网络，最初的功能非常复杂，创始人希斯特罗姆通过数据分析，发现初代产品的诸多功能无人问津，而照片分享却非常受欢迎。于是，他们砍掉了除照片、点赞、评论之外的所有功能，并以Instagram为名发布了新一代产品，一炮而红。再如，Groupon的前身是一个叫作"The Point"的网站，为某些事情、某些人群众筹资金，但产品推出以后反响平平。在经过数据分析后，创始人梅森发现那些给予用户优惠购买权的筹款项目成功率最高，于是，将这种功能放大后推出了Groupon，一飞冲天。

在抢时间窗口的互联网初期创业浪潮中，这种从主赛道往细分赛道的移动是被允许的，初期的沉没成本小于可能错失的机会成本。但这并不改变战略定位的规律，企业依然需要遵循笔者一直倡导的几个简单原则——"锁定细分用户群，基于核心竞争力提供解决方案，并确保进入赛道的竞争对手有80%的可能会死掉"。所以，这类抢时间的企业必须不断追问自己上述问题，确保尽快进入细分赛道。

步骤3：刻画北极星指标。当确认了细分赛道，企业应该明确使用者主要看重的是什么体验，而后，就可以寻找一个最有说服力的"使用者反馈行为"，并将其结果作为"北极星指标"。作为北极星指标，必须经过一个检验，我称之为"KCM 标准"：

- 核心位置（key step），即处于一系列反馈行为的核心环节，是绕不过去的，这确保了指标的敏感度。
- 无污染（clean），即这种数据必然是由使用者的正面反馈行为导致的，而非其他，这确保了指标的关联性。
- 盈利相关（money），即可以预见指标能够带来足够的商业利益，这杜绝了某些互联网公司"数据热闹，经营惨淡"的局面。

步骤 4：建立基本增长公式。根据北极星指标，企业需要寻找驱动因素（driver），并将其组合到一个基本增长公式里。现实中增长公式展开后一般都包括了大量的驱动因素（变量），但驱动因素之间的关系却可以简单分为两类：一类是加总关系，用"＋"连接，如"商户总数 = 线下获取数量 + 线上获取数量"；另一类是递进关系，如"有效总商品数量 = 商家数量 × 每个商家发布商品数量 × 形成交易商品占比"。增长公式的另一个重要作用是，企业可以基于这个逻辑调集来自各个专业的人手，组建临时或长期的增长团队。

上述几步中，最容易被忽略的是第一步的难度，不少企业就是在这第一步上犯了大错误，以至于后续形成的所有增长都是"伪命题"。例如，本来应该走 S2b2C 的商业模式里，b 位置的小商户是流量池，但企业却选择了用巨额投入砸 C 端流量，这就是极其不理智的。但大战中几人能够保持理智呢？在团购领域，融资并非最多的美团最终脱颖而出，关键就在于创始人团队一直没有偏离主赛道。据说，千团大战期间，面对对手铺天盖地的广告，美团却一直没有跟进，导致员工怀疑公司是不是融不到钱，做不下去了。这让副总裁王慧文不得不全国巡讲解释团购的商业模式。但依然有员工当面提出质疑："你别扯虚的，我就问你，到底投不投广告？"王慧文却回应："广告没效果。"这就是战略定力。

剔除有污染的增长

假如我们筛选出了北极星指标并建立了增长公式，至少可以确保的是，我们衡量到的增长是有效的。但与此同时，我们却不得不警惕另一类陷阱——换取增长的代价太大，导致了增长不可能持续。这时我需要引入"增长效能"（growth efficiency）概念，即企业在增长上的"投产比"。我的假设是，这种投产比必须是逐步提升的，即小投入带来大回报，否则就不是"增长黑客"达成的效果，而有可能是资源投入引发的"海市蜃楼"。

这里，我给出常见的几种"有污染的增长"。

第一种是用销售费用堆出来的增长。增长效能指标的计算逻辑是：

$$销售费用投产比 = 北极星指标增长 / 销售费用$$

这里投入部分的销售费用是广义的，也包括产品降价的变相补贴（有的会计处理会体现在营收和成本而非销售费用上）。当销售费用投产比出现负增长时，意味着企业每投入 1 元销售费用产生的增长越来越少，这是典型的"买（流）量模式"。这里，我倒不是说企业不应该"买量"，在最初产品几乎无人知晓时，"买量"是一种"热启动"的办法，尽管这种办法并不是"增长黑客"所欣赏的。但如果产品提供的体验场景足够优秀，买量的效果至少不会出现衰减。当然，有的企业可能会将这种衰减"甩锅"到流量成本上涨上。所以，我们可以计算得更加精细一点，考虑流量价格上涨的影响，将公式的分母部分修正为"真实销售费用"，而得到销售费用投产比的修正值。

第二种是用人头数堆出来的增长。增长效能指标的计算逻辑是：

$$人均创造增长 = 北极星指标增长 / 增长团队人数$$

这里的人数是剔除了企业公摊人员（与增长业务没有直接关系的企业人员）后的增长团队人员数量。当人均创造增长出现负增长时，意味着企业每个人带来的增长越来越少，这是典型的"人海战术"，尤其会出现在某些通过地面拓展来实现增长的商业模式中。通过地面拓展也可以形成"增长黑客"效果，但问题是，如果产品提供的体验场景足够优秀，在学习效应（初期摸索学习之后的成果猛增）、规模经济（初期投入之后的成果猛增）等机制下，人均创造的增长至少不会出现衰减。

第三种是用资产堆出来的增长。 增长效能指标的计算逻辑是：

投入资本投产比 = 北极星指标增长 / 投入资本

这个指标实际上是把财务中投入资本回报率（ROIC）中的产出替换成了北极星指标增长。这种效能增长指标专门用于衡量那种依靠硬件扩张的互联网项目，其扩张过程依靠资本投入形成资产（而非仅仅是大量发生销售费用）。例如，摩拜、ofo 这类项目就是典型。这类项目大可以主张自己的注册用户数、日活、GMV 等指标，但庞大的固定资产锁死了资金，带来了巨额的当期折旧，可能形成亏损的"巨坑"，这才是最可怕的。所以，其北极星指标应该是"订单数"之类"盈利相关"的指标，此外，更应该关注其"每车使用率"。事实上，将"每车使用率"中的"车"变成"钱"，就是投入资本投产比。抛开那些炫目的指标，如果投资者和创业者们关注到这个本质，又怎么会陷入那种疯狂？

第四种是流量流失严重的增长。 这里需要关注的是流量（用户或商户）的留存率，大量的企业在庞大"新增率"背后是逐步上升的"流失率"，但前者的欣欣向荣掩盖了后者的风雨飘摇。增长的形成可能有多种原因，如买量、堆人头、堆固定资产等，但流失却只有可能是一个原因，使用者体验感的不足。仅仅从互联网行业发展的趋势来看，也应该想到这种增长的危险性。道理很简单，单位流量成本在上升，还用发展新流量来支撑增长而不管"跑冒滴漏"，相当于不断把原来便宜的流量换掉买贵的，这无异于饮鸩止渴。

第五种是行业大势引发的增长。 这是最不容易注意到的一种增长污染。国内互联网已经多次出现一个行业涌入大量竞争者的局面，千团局、千播局、千车局……都是一阵风。在所有入围者共同的发力教育下，的确将消费者原有的线下消费习惯转移到了线上，几乎形成了一片商业的处女地。所以，此时所有的入围者都会有增长，但这种增长并不是企业自己的本事，而是行业的"势"。但大量的创业者并未意识到这点，把"势"当作"本事"，把行业的"风口"当作自己的"翅膀"。此时一定不能仅仅观察"增长总量"，而要观察"超额增长"。说直白点，高于行业一般水平，才是自己的本事。

谁在为海市蜃楼买单

说到这里，我们似乎已经为甄别增长给出了一些标准。但说实话，我依然不认为这些标准能够让创业者和投资者避开那些陷阱。大家掉入陷阱，根本就不是因为缺乏上述类似的甄别方法，而是因为行动逻辑问题（这样说可能有些绝对）。在中国，坚持"价值创造"的创业者并不算多，坚持"价值投资"的投资者更是寥寥可数，"价值思维"让位于"套利思维"本来就是常态。

在这样的行动逻辑下，创业者和投资者都开始"下跳棋"。创业者在早期就勾勒后期的商业变现后的宏图愿景，用这种方式勾引投资者入围；而投资者常用的一句话是"别管钱的问题，你只管冲到市场第一"，用这种方式鼓动创业者疯狂。说到底，两种做法都是极其不负责任的表现。话说回来，等创业者真正用烧钱模式以巨额亏损的姿势冲到"市场第一"了，而短期内又无法实现IPO，理性的资本就真的一定会接盘吗？

创业者和投资者的疯狂都是因为害怕错过了"风口"。所以，他们默契地用一些"伪增长指标"来达成合意，而对这种增长里的"污染"视而不见。你给钱，我来冲，还把这种疯狂冠以"互联网思维"之名，媒体更为这些故事进行了无限渲染，进一步加速了群体疯狂。这种模式相当于"生死时速",所有利益相关者似乎都在期待抵达IPO的彼岸,让"韭菜们"接盘。好在,经济的寒冬期中,"钱荒"来了,资本会异常冷静,而这种浪潮必然会让那些依赖资本续命的互联网企业死亡,从而冲刷出真正的好项目。过往大量互联网公司的粗放型增长,必将在这一轮浪潮中被清算。

但寒冬并不是坏事,这会让一些真正的好企业获得更大的机会。我为独角兽企业房多多担任战略与人力资源顾问之初,就与段毅为首的创始人团队达成了高度共识,一定要追求"精实增长"和"有效规模"。2017年年末,在公司的年度管理人员会议上,我明确提出了相关观点,提醒大家千万不要走入"有污染的增长",这被创始人团队认可并在年度战略体系中进行了固化。客观来说,这些共识更多是来自创始人团队的认知,我只是充当了"磨刀石"。但也幸亏有了上述共识,2018年度,房多多实现了收入、利润的大幅上升,在商户流量等北极星指标上也有卓越表现,在行业内实现了逆市增长。更重要的是,这些增长并不是依靠堆销售费用、堆人头、堆固定资产来实现的。以人效为例,2018年度,房多多在业务规模大幅放量的同时,人数居然基本没有增加。事实上,"高增长效能"已经成为房多多的基因,即使不是寒冬时,这些原则依然得到了坚持。正因为这种基因,尽管行业内的竞争对手大量投放C端广告,用人头数做地推,来势汹汹,但房多多依然没有乱了阵脚。因为这个企业从上到下都明白,有污染的增长只是"幻象"。

回到另外一个行业谈谈反面的案例。至今为止,我依然坚持认为摩拜、ofo等项目并非坏项目,并非不能盈利。之所以出现今天的窘境,是因为它们过于关注未来的"独霸天下",而没有用"精实增长"走好过程中的每一步。但这种故事在中国的互联网商业世界频频发生,前赴后继,让人叹息。其实想想,这种冒进和多年前被刺破的那批创业泡沫又有什么区别?

第四章

打造流量资产

2014年，我在《叠加体验：用互联网思维设计商业模式》一书中曾经提出过一个互联网商业模式的"水桶模型"，并认为流量资产、生态资产、转化能力（将生态内的资源配给用户的能力）是互联网商业模式产生GMV的三大要素。

本章，我将深入探究"如何衡量流量资产"。需要说明的是，虽然我们的阐述更多是基于以"用户（C）"为中心的商业模式，但对于那种以"商户（B或b）"为中心的商业模式，如B2B、S2b2C，原理不变，无非是关注口径由"用户资产"变成了"商户资产"。

失效的传统估值方式

互联网商业世界里，基于流量的主流的估值方式无非两种：一种是估算网络效应，另一种是估算GMV。

估算网络效应的原理主要来自于以太网的发明者梅特卡夫在20世纪80年代销售自己创立的3Com公司的网卡时提出的一个营销观点。他认为，在网络中接入的节点越多，可能形成的连接越多。如果节点数是

N，则可能存在的连接数为 $N(N-1)$，即约等于 N^2 这一数量级。1993年，这一观点被《吉尔德科技月报》的出版人乔治·吉尔德（George Gilder）总结为梅特卡夫定律（Metcalfe's Law），简要描述为"网络的价值与联网的设备数量的平方成正比"。

在考虑网络效应的基础上，互联网商业模式基于互联网信息技术，也会遵循摩尔定律。摩尔定律由英特尔（Intel）创始人之一戈登·摩尔（Gordon Moore）提出，即当价格不变时，集成电路上可容纳的元器件的数目，每隔18～24个月便会增加一倍，性能也将提升一倍。换言之，每一美元所能买到的电脑性能，将每隔18～24个月提升一倍以上。

这两个定律几乎构成了互联网商业的底层逻辑（还可以加上一个吉尔德定律）。正是基于这两大定律，摩根士丹利前首席分析家、著名的华尔街证券分析师与投资银行家玛丽·米克尔（Mary Meeker）和同事在1995年出版的《互联网报告》中提出了"DEVA模型"（discounted equity valuation analysis，股票价值折现分析法），即：

$$E = MC^2$$

其中，E 是项目的经济价值，M 是为单个客户投入的初始资本，C 是单个客户的价值。这一公式中的 C^2 显然遵循了梅特卡夫定律，而 M 则表达了摩尔定律的含义。总体来看，一旦互联网商业项目的投资越过了固定成本线，后续的增长就将不再与固定成本的线性变动相关联，而是指数型增长。例如，服务器、数据库、呼叫中心等基础设施的投入一旦超过了基线，项目价值就会随着流量（用户）增加带来的网络价值，进入指数型增长的轨道。

正是在这种理念的推动下，美国互联网企业理直气壮地堆积用户，并将用户数作为支撑高估值的最大筹码，尤其是对于SNS类项目更是如此。Facebook、Twitter、Google等互联企业在进行融资时获得的极高估值的背后，都是DEVA模型的逻辑。最典型的例子是2014年2月

Facebook 以 190 亿美元收购 WhatsApp。WhatsApp 是一款通信类软件，公司成立于 2009 年，员工只有 50 人左右。如果仅仅从市盈率、现金流贴现等角度衡量，根本无法支撑这么高的估值。但从 DEVA 模型的角度看，其 MAU（月活跃用户数量）达 4.5 亿，Facebook 还可以通过共享用户的方式获得更大的网络效应，这样的估值就有了理由。

但是，2000 年网络泡沫破灭让狂热的投资者们警醒。从统计数据上看，图 4-1 中红线部分代表的美国互联网用户数一直在增长，但纳斯达克 100 指数的走势（蓝线）却并未与用户数的平方（绿线）成正比，2000 年的断崖式下跌不禁让人怀疑，DEVA 模型是否真的可靠。此后，不断有研究者尝试去修正这个模型，但最后的应用效果很难说满意。有意思的是，在国内，大量对于互联网企业（尤其是早期企业）的估值仍然在参考这种方式，也许是没有办法的办法吧。

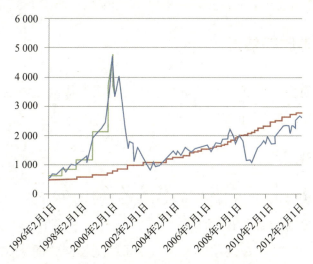

图 4-1 纳斯达克 100 指数与互联网用户数

蓝线：过去 16 年纳斯达克 100 指数走势。
红线：互联网用户数 $C + 500$（单位：百万）。
绿线：$C(C + 400) \times 2\% + 500$。

在互联网商业项目走过了早早期后，一些运营数据可能更准确地支撑了投资者对于项目价值的判断。于是，基于运营数据的估值方法开始逐渐成为主流。总结起来，这类模型可以刻画为：

$$E = K \cdot ARPU \cdot MAU \cdot LT$$

其中，K 为常数，与所在行业有关系，$ARPU$ 为单客收入，MAU 为月活跃用户数量，LT 为用户生命周期。$ARPU \cdot MAU$ 即每月的收入，而 LT 以月为单位，说明了可以获得多少个月的此类收入。总结起来，这个模型衡量出了一个互联网商业模式在整个生命周期内可以获取的 GMV。

当然，这样的估值方式也存在一定的问题，除了 K 以外，另外的几个指标都是动态变化的，这种变化就让估值变得飘摇不定。举例来说，如果某个企业通过大量购买流量、补贴的方式，将 MAU 维持在一个较高水平，这就是一种典型的虚假繁荣，资本如果基于这个数据盲目进入，就会沦落为"接盘侠"。

商业模式本质的估值

我们希望能够构筑一个更加贴近商业模式价值的估值模型，评估出流量资产（用户资产）的实际水平。

导流 × 变现

DEVA 模型的最大问题在于，其模糊了网络内不同节点的角色，假设其产生连接的价值是相当的。

盲目运用梅特卡夫定律的人，忽略了区别不同的网络效应。互联网企业在供需之间搭建平台（当然，也有通过自营的形式来实现连接供需的），存在同边网络正效应（same-side network effect）和跨边网络正效应（cross-side network effect）。前者是指在用户或商户的一侧，每增加一个加入者，会带来同侧价值的爆发式增长；而后者是指在用户或商户一侧，每增加一个加入者，会带来另一侧价值的爆发式增长。

前一类商业模式（主要是 SNS）尚且可以运用梅特卡夫定律，而后一类如果用这种方式估算用户的价值，就显得非常牵强。举例来说，微信用户会因为新用户的加入而增加连接的价值，而美团的用户之间极少互动，他们连接价值的增加主要来自于另一侧商户的增加。

再进一步看，如果获取了用户，是不是一定能够产生相应的价值？不同用户的变现可能难道真的是一样的吗？仅仅从用户这一侧来观察，用户特点、场景强弱等要素显然对于变现可能都有巨大影响。

所以，我认为，评估流量资产的基本逻辑应该是：

$$E = V \cdot R$$

其中，V（volume）代表流量池，R（revenue）代表变现力（变现可能）。这意味着互联网企业如果要主张自己的价值，应该一方面努力做出高质量的流量池，另一方面努力提高变现的可能性。

标杆 × 点数比

基于运营数据的估值方式似乎也过于简单，且存在极大的不确定性。另外，最大的问题在于，这种计算仅仅是一个滞后的结果，无法发现项目流量资产的早期价值。

就上述我们给出的模型来看，V 和 R 两方面的现状数据是可以观测或估算的，但这掩饰不了另外一个问题——基于现状数据的测算，会不会掩盖项目未来的可能性？

所以，我将模型扩展为两个部分：

$$E = V_1 \cdot R_1 + V_2 \cdot R_2$$

其中，$V_1 \cdot R_1$ 代表项目现在的价值，而 $V_2 \cdot R_2$ 代表项目未来的价值。显然，相对于前者的明确，后者是模糊的。而这个模糊的地方，可能就是互联网商业项目冰山之下的价值。这种价值可能是基于现状的指数级增长，因此，无论用何种传统的估值方式（PE、PB、DCF 等），都很难推算。

这意味着，我们需要选择另一种估值方式，即：

A 项目价值＝标杆项目价值·A 项目价值点数/标杆项目价值点数

通过模型，我们可以将 A 项目价值转化为点数，而后，通过市面上已经有明确估值的标杆项目，推算出 A 项目是被高估还是低估了。我相信，对于互联网商业项目来说，这应该是相对合理的估值方式了。也需要说明的是，这种利用点数估算项目价值的方式，更适合在同一行业赛道内的企业，越是赛道相同，结果越是准确。当然，考虑到未来互联网商业范式都会走向"导流 × 变现"，场景趋同会导致赛道趋同，这种估值方式可能会有更广的适用范畴。

VR 矩阵

考虑 VR 模型同时从现状和未来两个层面评估流量池和变现力，我们可以建立如表 4-1 所示的 VR 矩阵。

表 4-1　VR 矩阵

	流量池（V）	变现力（R）
现状	• 活跃用户（MAU） • 占用时长（T） • 使用频率 • 用户市占率	• 付费率 • 付费用户单客收入（ARPPU） • 用户生命周期
未来	• 市场规模 • 用户痛点 • 同边网络正效应 • 跨边网络正效应 • 不可替代性 • 流量获取难度	• 广告收入空间 • 交易抽佣空间 • 服务收费空间 • 项目并购价值

资料来源：穆胜企业管理咨询事务所。

这个矩阵最大的创新就在于考虑了商业模式在未来的可能性。现实操作中，我们一般会采用李克特五点量表的方式来进行计分，针对每一个指标的肯定陈述都会有"非常同意""同意""不一定""不同意""非常不同意"五种回答，分别计分5、4、3、2、1。当然，对一些指标，我们会将刻度陈述得更加具象化。而后，在矩阵每个模块内计算加权平均数[⊖]，就可以得出四个模块的得分，并计算出该项目的价值点数。

流量池评估解析

对于流量池的评估，实际上反映了互联网项目端口的质量。我在《叠加体验：用互联网思维设计商业模式》一书中提出过，互联网商业模式有两类端口，一类是功能出色的完美终端，另一类是价值观追随的价值群落。也就是说，用户因为产品的出色功能或者基于情感依附，都有可能会进入端口。

当然，这两类端口可能在某种程度上是重合的，在对于用户的吸引程度上，这就会产生1+1>2的效果，即使用户实现"场景沉浸"。一旦用户沉浸于场景中，就会产生非理性的消费冲动。这里，需要解释一下"非理性的消费冲动"，这并不是指欺骗用户的导向，而是指在那样的场景下，用户脱离了单纯对于价格的斤斤计较，转而将自己在端口上接触到的产品或服务理解为"整体解决方案"，并愿意为之付出相应的高溢价。例如，小红书是一个社群电商，其具有电商的购物功能，而且是一个拥有独特价值观的社群。其用户会因为网红大V的带动而对某些产品更加认可，更倾向于去欣赏品质，而不像在淘宝购物时对于价格异常敏感。这里，用户体验到的就不仅仅是一款产品，而是一种生活方式。

现有流量池的评估主要从四个方面进行：活跃用户、占用时长、使用频率、用户市占率。活跃用户是评估流量池规模的有效指标，其重要

⊖ 具体权重属于穆胜企业管理咨询事务所的研究成果。

性不言而喻；而占用时长[1]和使用频率则体现出用户对于端口的场景沉浸程度，这两个指标往往是容易被忽略的；用户市占率则关注了互联网商业世界中的马太效应，高占有的端口会引发其他的羊群效应。

除了现有流量池，我们还应该关注未来的空间。

首先，不同的行业有不同的市场规模，天然用户基数都是不一样的。当然，做重度垂直领域的生意也不是坏事，毕竟中国是个大市场，一个很小的相对数，也是一个很大的绝对数。而且，选择重度垂直的赛道，可能会让后续的流量获取难度降低。

其次，用户的痛点不同。这可能是最重要的指标，如果整个矩阵只能留下一个指标，那就是它。这里，不用采取李克特五点量表，而是如下原创分级量表来确认痛点：

⊙ 5分——没了这个产品完全无法想象，无法承担。
⊙ 4分——没了这个产品局部会有极大损失，可承担，但很痛。
⊙ 3分——没了这个产品会不太方便。
⊙ 2分——没了这个产品会有点想念。
⊙ 1分——没了这个产品毫无影响。

这里，3分是黄金分割点。3分以上，项目有很大的成功可能性，而3分以下，项目就不用做了，根本不可能成功。最纠结的是落在3分，这种项目如果要做，就必须投入大量资本，做好长期不盈利的准备，养成用户的习惯，把他们娇惯得不适应失去这个产品（进入到4级）！从这个角度上说，滴滴出行的起点实际上是3分，没有这个产品之前，人们照样出行。只不过，他们用了大量的资本，"烧"出了用户的使用习惯。

再次，基于用户痛点，我们需要观察项目端口对于用户的吸引程度，这里面当然也包括与竞争对手的比对。同边网络正效应是指用户能不能

---

[1] 中篇对于消费互联网的分析会谈到，这个指标是当前鉴别流量价值的关键。

出现"自交互",而跨边网络正效应是指用户能不能被项目提供的解决方案吸引。后者是用户进入端口的理由,但即使项目不断迭代自己的解决方案,用户还是有可能出现倦怠。例如,在一些综合电商平台购物多年后,用户可能会转向一些垂直电商平台。所以,SNS才会受到投资者的热烈欢迎,因为这类产品可以稳定用户流量,降低留存成本,甚至让用户跨越生命周期。这也是马云一直觊觎社交蛋糕的原因,从最开始阿里亲自做来往,到后来投资微博、陌陌,再后来亲自做钉钉……每一步都是在尝试用各种方式切入社交。

除了两种网络效应外,还要考虑的是不可替代性,同质性产品意味着并不拥有核心竞争力,即使流量池再大,也是昙花一现。从这个角度说,滴滴出行需要经受严峻挑战。尽管多年占据市场老大的地位,但在美团跨界打劫后,其在局部市场上一度被撕开了一个不小的口子,不禁让人对其核心竞争力产生疑问。

最后是流量获取难度。在前几年,一个业界的误解是,只要能够接上互联网,就有大量的流量红利可以获取。但现在,线上流量已经见顶,获客成本异常巨大,有的企业甚至反向走到线下去获取流量,获客成本反而还更低。所以,这是决定未来流量池优劣的关键因素,也是拼多多被美国一级市场上的投资机构看好的原因。[1]不考虑商业伦理上的瑕疵,腾讯注入的流量绝对是其成功的关键。根据招股说明书,拼多多2017年的获客成本仅为11元/人,在电商行业中,低到难以想象,甚至低于流量大户京东和阿里。

变现力评估解析

对于变现力的评估,有可能不仅仅是在评估流量资产,所以,我们

---

[1] 尽管随后在二级市场上的表现跌宕起伏。

坚持将其限制在一个有限的范畴，即流量池中究竟有多大变现可能。

现有变现力主要是从三个方面进行：付费率、付费用户单客收入、用户生命周期。其中，$MAU \cdot 付费率 \cdot ARPPU = MAU \cdot ARPU$，等式右边是大家常用的计算方法。但如果不观测付费率，就会模糊掉对于用户转化基本面的观察。一个仅有塔尖部分的付费用户的项目和一个付费用户全覆盖的项目，性感程度显然是不同的。最理想的状态是，"用户分类分级，付费从高到低"，达到经济学中"一级价格歧视"的状态，说直白点，就是让能够付费的用户都付费。

除此之外，用户生命周期也是一个非常关键的指标，也是互联网公司大多不愿意披露的指标。但遗憾的是，除了个别的项目外，大多数产品的用户都有一定的生命周期。用户的生命周期过短，需要进行又一轮的"拉新"和"留存"来维持流量池规模，这对于企业是有极大成本损耗的。更重要的是，这会导致企业去变现流量池的空间被挤压。某些时候，这让企业不得不快速收割，进一步造成用户满意度下降，生命周期变短，进入恶性循环。其实，不管是哪类项目，用户的生命周期都是可以相对控制的。以游戏行业为例，按理说一款游戏的生命周期是很短的，有的甚至不到1年，但游族网络的明星产品"少年三国志"却从2015年推出后长盛不衰。其中的奥秘就在于对用户体验的极度关注。需要说明的是，我并没有将"留存"放到"流量池"里进行评估，这是考虑其会与活跃用户的指标有交叉。

上述现状指标都是可以明确观测到的，而对于未来的空间，则需要通过商业模式的逻辑来推算。

一般来说，互联网项目存在三类收费模式：其一是广告收入。项目通过累积流量，成为广告投放地或流量分发者。其二是交易抽佣。这包括平台通过撮合成交，收取一定过手费、进场费等；也包括京东这类自营模式赚取贸易差的情况。其三是服务收费。这包括用SaaS（software as a service，软件即服务）、PaaS（platform as a service，平台即服务）等手段提升交易效率而向交易两端赚取服务费。从互联网行业的传统来看，SaaS类的项目估值是不高的，但这只是昨日的偏见。在美国，Salesforce这个SaaS鼻祖已经逼近千亿美元的估值，后市一片看好。道理很简单，在大量企业都涌入前两类收费的战场时，服务收费成为一片新的蓝海。其实，SaaS、PaaS等服务的背后是企业的数据能力，而这块可能是未来互联网项目增值的巨大空间，也可能会冒出若干独角兽级别甚至BAT级别的"头部项目"。总体来看，上述三个领域里，哪个做好了都会有前途。

三类收费空间会影响企业的利润表，而另一样指标则会影响企业的资产负债表，即项目的并购价值。一个项目如果对投资主体具有战略价值，其必然能够获得更高的估值溢价。这里的溢价来自于并购主体看好的1+1>2的协同效应。

典型的例子是2018年4月3日美团收购摩拜，这次收购既是美团发展路径的必然，也是对抗阿里、滴滴等强敌的考虑。阿里的新零售战略曾提出"三公里理想生活圈"的概念，旨在通过互联网技术满足用户在三公里生活圈内的"吃、喝、玩、乐、穿、住、行，甚至教育、医疗服务"。这次收购发生的前一天（2018年4月2日），阿里用95亿美元全资收购了饿了么。显然，阿里是希望用其来补充自己的短途运输能力，开展新的外卖业态，实现三公里半小时达，为用户提供更加丰富的解决方案。在阿里系持续补强线下的时候，美团选择收购摩拜就可以将三公里生活圈的共享出行生活场景囊括其中，进一步提高其估值。进一步看，通过收购摩拜，不仅可以将流量池扩容，而且可以实现这类出行场景与新开的网约车业务无缝联动，拓展其在出行行业的更多业务，加大与滴滴对抗的筹码。㊀虽然在不少业内人士看来，并购对价并不惊艳，但考虑

㊀ 这只是收购时的设想，但从现实的效果来看，上述设想并未完全实现。

摩拜这类项目的经营状况，这种收购也是万幸。总体来看，站住了一个较好的位置，足以吸引巨头的收购，也是变现力的一种表现。

但不得不说的是，互联网商业项目从一开始就应该打造自己"能变现的流量池"。这意味着，要夯实广告收入、交易抽佣、服务收费上的基础，这才是流量资产价值的真正体现。要谨记，不赚钱的项目不是好项目。否则，如果一味将目标对准资本（机构资本VC或企业资本CVC），等待接盘，商业模式本身就失去了立根之本。

第五章

布局生态资产

当具有了流量资产，企业就应该考虑如何进行变现。事实上，在评估流量资产时，我们在"变现力"维度上的评估只是一种粗略的可能性，只是说明了"流量池"可能产生的价值。要评估"流量池"实际可能产生的价值，还需要有不同的视角。如果说互联网商业模式是一个生态，那么里面的物种则决定了这个生态的繁荣程度。

正因为这个原因，有段时间，在流量红利见底之后，大量互联网企业开始从生态的角度宣称自己商业模式的价值。这当中最著名的就是乐视贾跃亭的"乐视七子生态"了。尽管乐视的生态最终崩塌，但这并不代表互联网生态战略的失败，从 BAT 到 TMD，这些商业数据上成功的企业绝对是坚定不移的生态打造者。

乐视的失败和 BAT、TMD 的成功，都在告诉我们一个道理——生态绝对不是"拼聚"出来的，什么样的物种可以引入生态，能够产生多大的价值，应该如何排列组合，绝对是有讲究的。我们可以用"生态资产"这个词来代表这些物种和其组合形式作为一种"资产"的价值，并给出评估方式。当企业发展到一定阶段后，相对于流量资产，这可能是一个更新、更精准的估值视角。

互联网商业模式分类

这里，涉及对商业模式进行定位的问题。不考虑特殊性，我们可以将生意链条整理如下：

$$B_1 \rightarrow B_2 \rightarrow C_1 \rightarrow C_2$$

- B2B 生意促进了 $B_1 \rightarrow B_2$ 这个交易关系。下篇会说到，这个生意逻辑在互联网世界里是否成立，多大程度上成立，还需要打上一个个问号。大量的 B2B 生意，实际上是在做大货值贸易的金融生意。

- B2C 生意促进了 $B_2 \rightarrow C_1$ 这个交易关系。这也曾经是互联网世界里最肥沃的一块土地，充斥着红利，大量互联网企业都是在这个风口上一飞冲天的。

- C2C 生意促进了 $C_1 \rightarrow C_2$ 这个交易关系。这类商业模式最早以"共享""盘活闲置资源"为出发点，但最后都会发现"控不住"和"长不大"是关键问题。"控不住"是因为 C_1 并非专业资源方，监管难度太大；而"长不大"的原因既有来自两端供需有限的限制，也有监管难度问题。于是，其又会开始变种，例如，不少 P2P 的企业最后走向了 P2B，而后又走向了 B2B。再如，滴滴打车最主要的服务是专车而非顺风车，而顺风车最终证明是饮鸩止渴。甚至，有的人认为，C2C 的商业模式本来就是缺乏壁垒的。

- S2b2C 生意在本质上是关注了 $B_1 \rightarrow B_2 \rightarrow C_1$ 这个交易关系，实际上是 B2B 和 B2C 的结合。其中心是 B_2，可能是若干的"小 b"，平台为其配置一系列的资源帮助其将生意做大。具体来说，这种模式用整个供应链（S，即 supply chain）的资源（各类 B_1）赋能于 B_2，甚至将 C_1 的流量反向配置给 B_2。这个模式与 B2B2C 是完全不同的，后者更像是 B2C 的变种，只不过强调了中间一个 B 对于两端的强力连接作用。两类模式的威力不是一个级数。另外，S2b2C 的独特优势还在于，其存在两个交易的链条，产生收益的空间更大。例如，房多多就是这样一种商业模式，其瞄准了房地产经纪人这个群体，为他们做生意提供真实房源、金融支持、人员赋能和 C 端用户流量。这其中，既有来自金融企业、房地产开发商这类 B_1 的资源，又有来自 C_1 的资源，可以说是做活了整个交易链条。

需要强调的是，企业在设计商业模式时，必须首先确定"流量池"。大量企业在发展时，不断在 to B 或 to C 上摇摆不定，这是非常不明智的。不同的定位，决定了商业模式、战略路径、组织结构、人才素质等布局大相径庭。另外，这也是一个估值的坐标，只有基于此，才能判断商业模式可能的机制。

有的项目会在选择流量池时出现徘徊，但即使是一些 B2C 的项目，也一定有 to B 还是 to C 的侧重：有的是做 B 端来带动 C 端，如阿里巴巴，其愿景是"让天下没有难做的生意"；有的是做 C 端来带动 B 端，如小红书，其首先是进行社交流量的聚集，而后才开始找到对应的商品供给。

整体看来，在上述商业模式中，流量池分为两类——to C 流量池和 to B 流量池。我们可以将前者称为"用户"，将后者称为"商户"，显然，两类流量池的需求是不同的。即使作为一类流量池，在这个生意链条里的需求也会存在不同，例如，B_1 的需求是"出货"，但 B_2 的需求是"买货"和"出货"。

生态里的物种与业态

一旦确定了"流量池"并明确了其需求，就要依靠引入资源来满足这些需求。

资源 × 变现

在测算流量资产时，我们考虑了"流量池"和"变现力"两个方面。这种估值方式的逻辑是：确定"流量池"，并推测这个商业模式的基本定位，再基于这个定位来推测"变现力"。但这种推测是相对模糊的，并没有说清楚商业模式的定位，即究竟是一门什么生意。从生态资产的角度看，考虑进入生态的物种不同，业态不同，组合出来的生意不同，项目的估值也肯定不同。

不少商业模式里，流量资产价值是镜花水月，看似性感，实际上却难以实现。在互联网商业浪潮的初期（混沌期），基于流量资产谈判融资几乎是业内惯例，生态资产部分并未被纳入考虑。其结果是，资本和创业者们共同造就了若干华而不实的项目。部分创业者甚至公然宣称："我们现在不谈赚钱，我们是互联网公司。"

从"生态资产"的角度进行估值设想：考虑生态加载了多少类物种（资源方），形成了多少类业态，这些业态形成了一个什么样的综合解决方案，再看这类解决方案可能变现的价值。对于进入的各类物种，我们将其命名为 S（species，请注意，这里不同于前面 S2b2C 里的"S"），也可以看作"资源池"；各物种的变现力依然被命名为 R（revenue）。这种修正的估值方式，可能会揭下商业模式雾里看花的"面纱"。

所以，笔者认为，评估生态资产的基本逻辑应该是：

$$E = S \cdot R$$

考虑现在和未来项目可能产生的价值，将模型扩展为两个部分：

$$E = S_1 \cdot R_1 + S_2 \cdot R_2$$

物种进入与业态分类

这里，有必要首先区分不同生态资产以及其对应的商业模式。我们暂时按照上面对于流量池的划分，将商业模式分为两类。

To C 类商业模式（消费互联网）

- 商品流——即为用户引入各类供消费的商品，这是典型的"电子商务"商业模式，例如综合电商的阿里、京东，垂直电商的盒马鲜生、本来生活等。

- 信息流——即为用户引入各类信息，这是典型的"新媒体"商业模式，做得小的是利用互联网新传播媒介的自媒体公号等，做得大的是各类转型后能够自动匹配用户偏好信息的门户网站，做得更大的是百度、今日头条等带有 Page Ranking 等算法技术，且在移动端有发力的商业模式。

- 物流——即为用户引入各类运力，这种商业模式在客运领域和货运领域都存在，前者如滴滴出行等，后者如顺丰、菜鸟物流等。

- 技术流——技术是指具有一定复杂性、不能以标准品（除非软件化）的形式进行交付的服务，如春雨医生的浅层问诊等。

- 资金流——面对 C 端用户导入资金流，实际上就是消费级金融的商业模式，如蚂蚁金服的花呗、借呗，京东的京东白条等。

To B 类商业模式（产业互联网）

- 用户流——即为企业引入用户流量，简单的商业模式是"卖端口"或"流量分发"模式。

- 商品流——即为企业引入各类供生产或贸易的商品，这是典型的"B2B 电子商务"商业模式，例如找钢网等"找字辈"电商。

- 信息流——即为企业引入所需的信息，企业需要的信息更加精准，这类商业模式的赛道（相对于 to C 类商业模式）更加狭窄，一般是基于行业数据进行"精准行研"的模式，如易观国际、艾瑞咨询等。

- 物流——B 类企业都有进料的出料的需求，一般由除了卖货方和收货方之外的第三方提供服务,这类商业模式即第三方物流(third-party logistics,3PL)。
⊙ 技术流——将其需要的经营管理方面的技术诀窍(know-how)标准化为技术并进行赋能的商业模式,例如钉钉、纷享销客等;另外,分布式制造实际上也是一种技术流(分布式生产力)的供给。
⊙ 资金流——面对B端用户导入资金流,实际上就是企业级金融的商业模式,例如小微贷等。

生态价值解析

一般来说,互联网企业的商业模式再纷繁复杂,也不过是上述业态的其中一种或几种的整合。当我们描述一个商业模式时,必须要清楚两点:其一,基于什么流量池(需求);其二,提供什么样的资源形成的解决方案(供给)。只要这两点说清楚了,商业模式是什么就一清二楚了。事实上,前者是相对容易说清楚的,而后者却需要具体分析,不同业态之间的聚合会产生不同效果,形成不同的变现力。我们需要更加理解商业生态(business eco-system)的逻辑。

商业生态应该具备两个特点:其一是"自循环";其二是"多物种"。

自循环

所谓"自循环",是指在商业生态内,从流量导入,到需求分解,再到需求满足,是一个能够反复实现的循环。某些商业模式是不能实现自循环的,比如某些单次收割的流量电商模式,仅仅瞄准用户对于低价的需求,导入劣质产品满足这类需求。其结果是用户体验被伤害,离开平台,商户自然也无利可图,最终也会离开平台。当然,也有另一种说法——需要"消费降级"的用户群更大,这就是中国商业环境的现状。

如果从这个角度说，这种商业模式也能实现"自循环"，也是成立的。

在一个良性的商业生态里，平台两侧或多或少都有同边网络正效应、跨边网络正效应和换边效应。前两者上一章已经做过介绍，这里不再赘述。"换边效应"是指供需两侧的角色开始互换：原来作为供给者的资源方开始去组织更多的资源，成为需求方，例如，货运领域的不少司机都会自己拉入同伴，一起组队去承接甲方的运力需求，这个过程中他们变成了需求者；原来作为需求者的用户或商户开始去为自己所在的群体提供资源，变成了供给方，例如房多多的商户流量池里，明星房地产经纪人在学会了如何使用平台的赋能工具之后，开始变成明星大V，制作UGC的内容视频，这个过程中他们变成了供给者。

多物种

所谓"多物种"，是指在商业生态内，具备各类满足用户需求的角色，相互之间能够聚合成各类多样化的解决方案，满足长尾分布的用户或商户需求。

解决方案是不断动态变化的。随着流量池需求的不断提升，互联网商业生态里的各类物种会相互整合，自动形成若干产品、服务、解决方案。在这个过程中，"高维供给"吃掉"低维供给"的现象屡见不鲜。例如，第三方物流服务只是单纯提供物流服务，而当服务延伸到协助处理一些衍生问题，提供供应链解决方案时，就进化为一种新的商业模式，即"第四方物流"。整体来看，单纯的产品会被基于产品的服务吃掉，基于产品的服务会被整体解决方案吃掉。所以，我们把各类供给都用"解决方案"来描述。

这种业态上的整合是互联网生态出现的基础。只要涉及几种业态的整合，流量池就出现了"复用"，流量成本自然降低；而由于提供的是解决方案，用户体验自然提升；另外，无论是用哪种形式（控股、参股、联盟、交易等）进行整合，交易成本都会大幅降低。如此一来，商业模式的价值就开始出现爆发，平台自然可以滋养更多的物种，商业模式内部就会出现更多的"自循环"，生态就可以抵御外部的各类风险，生生不息。

SR 矩阵

与上一章做流量资产评估的思路相似，考虑 SR 模型同时从现状和未来两个层面评估流量池和变现力，我们可以建立如表 5-1 所示的 SR 矩阵。我们可以采用在矩阵每个模块内计算加权平均数的方式，分别得出四个模块的得分，而后再计算出该项目的价值点数。而要计算出某项目的价值，依然采用"标杆项目价值"乘以"价值点数比"的方式。

表 5-1 SR 矩阵

	资源池（S）	变现力（R）
现状	• 活跃资源方 1（MAS1） • 资源占有率 1 • 活跃资源方 2（MAS2） • 资源占有率 2	• 服务付费率 • 服务付费资源方平均付费额（ARPPS1） • 抽佣付费率 • 抽佣付费资源方平均付费额（ARPPS2）
未来	• 场景容量 • 同边网络正效应（资源协同性） • 跨边网络正效应 • 场景不可替代性	• 广告收入空间 • 交易抽佣空间 • 服务收费空间

资料来源：穆胜企业管理咨询事务所。

资源池评估解析

诸多互联网企业都喜欢宣称自己"整合"了多少资源方，但对于这些资源方是否在线，在线效率如何却避而不谈。关键还得看它们有多少在线动作，这就是资源的"在线效率"。

资源在线有两种模式：一种是自营，另一种是平台，各有利弊。

自营的坏处即平台的好处：自营模式里，产品、服务、解决方案进销存的风险全部都落在生态搭建者身上，而且增长速度受到很大限制；

反之，平台模式是直接引入第三方，在促进双方交易的前后获取收益，这是一种风险对冲的模式，增长速度几乎没有上限。

自营的好处即平台的坏处：自营模式对于产品、服务、解决方案的质量可以控制，可以获取较高的用户体验；反之，平台模式由于引入了诸多的第三方，尽管可以设置标准，但百密一疏，始终有空子可以钻。这也是阿里、拼多多为何一直受到假货的诟病，反之，京东在这方面则相对有所控制。

企业应该选择自营模式还是平台模式？简单来说，这取决于企业的经营理念：如果企业更在乎对于资源的管控，其应该采用自营模式；如果企业更在乎对于资源的开发，其应该采用平台模式。评估资源的在线效率，自然是更有利于平台型商业模式的。这与我们的导向一致，因为这种商业模式更有想象空间。但需要说明的是，这样的评估方式，可能也会低估亚马逊、京东等优秀的项目。

资源的在线有几个级别的划分：

- **资源方注册**——这是一个基础数据，即有多少资源方注册（注册资源方数）。
- **资源上线**——资源方注册不代表资源上线，有多少资源在线上可以被需求方触达，决定了资源的基础量级，有点像零售行业里的SKU概念，也可以产生一个重要指标，即"每个资源方贡献SKU"。所以，资源方注册数 × 每个资源方贡献SKU= 在线SKU数。
- **使用服务**——这个数据相当于评价需求侧用户或商户的MAU（月活跃用户数量），我们可以定义为"月均活跃资源方"（MAS）。

注册资源方数和在线SKU数可以作为参考指标，但不应作为主要依据影响我们对于估值的判断，我们选择了最关键的"月均活跃资源方"来评估资源池的有效规模。但与评估用户（或商户）资产不同，这里不仅要考虑活跃资源方的数量，还应该考虑其质量。举例来说，100家弱小的资源方产生变现的潜力，有可能还不如2家强大的头部资源方。好在我们采用的是相对计量法（五点量表），刚好可以考虑这两个维度的因素。考虑"资源市占率"是因为互联网商业世界中存在马太效应，大量资源入驻平台，会引发其他的资源羊群效应。至于为何会将资源分为两类，后文将详细解释。需要强调的是，对于资源方来说，出货是其唯一目的，其行为显然不同于流量池里的用户或商户，观察其"使用时长"和"使用频率"意义不大。

除了现有的资源池，我们还应该考虑未来资源池扩容的空间。只要流量池的需求在升级，扩容就是必然的趋势。

首先，应该考虑场景容量，这决定了商业模式未来可能"长成什么样子"。这还是基于流量池的定位，这种定位决定了场景，而场景决定了容量。以微信为例，其占用了用户的大量碎片化时间，应用场景非常有张力，自然能够加载无限的资源方，形成无限的解决方案（娱乐、购物、阅读等）。而另一些产品仅仅是功能性的，且用户或商户不会长时间沉浸，有些资源就加载不进去。例如，用户不会在日历 App 上面决定使用一款消费级金融产品，场景不对。还是回到流量资产上的"场景逻辑"，场景可装入的业态不同，形成 GMV 的预期不同，项目的估值也就不同。

需要提出的是，在评估流量资产时，我们采用了"用户痛点"的指标，并认为它是超级重要的。但在这里，我们并没有单独考虑"资源方痛点"。因为资源方和用户的痛点不同，用户有相当多元化的痛点，但资源方的痛点永远只有两个：第一是平台能帮助自己快速、高价出货；第二是平台能够快速返佣。所以，"场景容量"实际上覆盖了"资源方痛点"，场景容量大，资源方自然能够快速、高价出货，当流水做大做快了，平台也自然能够实现快速返佣（只要平台愿意）。

其次，应该考虑不同资源方的协同性，这是同边网络正效应。不同的资源方在一起有的相互加成，有的相互排斥。这种协同性越好，资源越能相互吸引。表面上看，作为竞争者的资源方之间可能不存在太多协同性，但实际上，不同位资源方之间本来就有整合在一起形成解决方案的巨大空间，而同位资源方之间也能够进行资源和市场的拆借。

再次，应该考虑流量池对于资源方的吸引程度，这是跨边网络正效应。这个维度是要评估现有流量池对于资源方的吸引程度。如果没有高质量的流量池，要吸引资源方进入是非常困难的。不少互联网企业执着于自己的平台需要庞大的流量池，烧钱买流量，但你可以这样做，别人为什么不能？这也就是千团大战、千车大战、千播大战一再出现的原因。建立流量池是有代价的，而烧出来的流量池对于资源方并没有特别的吸引力。量力而行，基于流量池特有优势建立独特生态才是王道。此外，也有企业独辟蹊径，转换商业模式，将原来的资源方看作流量池，反过来为他们提供包括用户流量之外的综合赋能（这类资源方需要的其他资源，如 SaaS、金融服务等），走入了 S2b2C 的商业模式。这就更改了游戏规则，扬长避短，跳出了原来的竞争格局。

最后，应该考虑场景不可替代性，这决定了平台从 GMV 中获取利润的比例。平台获利能力的强弱与平台自身的不可替代性有极大关系，这决定了其议价能力，决定了其能够获取多大比例的 GMV。议价能力当然越强越好，但对于议价能力的释放，却应该有个限度。从我们的经验来看，不考虑特殊情况，如果一个平台（渠道）的分成超过了 1/3，就证明这个渠道是"超级渠道"，但这对于生态的长期持续发展不一定是好事。美国的经验数据证实，获客成本低于用户终生价值的 33%，企业才有机会生存和发展。如果生态里的物种都死亡了，平台还能够永续吗？

变现力评估解析

我们将从资源方产生的变现严格划分为两类。

第一类是购买服务。即有多少资源方使用平台的服务是会付费的,我们可以定义为"月均付费资源方1",并计算出付费率。由此,可以进一步定义"每付费资源方服务付费额"(ARPPS1)。所以有:

$$月度GMV1 = 月均付费资源方1 \times 每付费资源方服务付费额$$

第二类是完成交易。即有多少资源方是使用平台完成交易的,我们可以定义为"月均付费资源方2",并计算出付费率。由此,可以进一步定义"每付费资源方抽佣付费额"(ARPPS2)。所以有:

$$月度GMV2 = 月均付费资源方2 \times 每付费资源方抽佣付费额$$

需要说明的是,两种付费深度是完全不同的,对于平台的依赖也是完全不同的。如果资源方仅仅想在平台上获取流量、获取信息、获取简单服务,其本身并不会将交易放在平台上,平台仍然仅仅是一个交易中的辅助工具。因此,企业基于这个薄弱的资源在线基础,讲述的商业模式故事就不够性感(这从GMV上就可以看出)。反之,如果资源方愿意把交易搬到平台上,则证明其对于平台的功能必然有强烈需求,商业模式的故事就有无限可能。

举例来说,有的互联网公司并没有金融牌照,其开展金融业务时一般是通过"助贷"的形式,庞大的交易流不可能从平台上走,只能收取服务费,参与平台游戏的金融机构就应该是"月均付费资源方1"。交易流不在线,不仅是资金池不在平台上,也不可能通过在交易流上设置服务节点来完成收割,构筑庞大商业模式的地基就太薄弱。

一个生态里为用户或商户提供的解决方案包含了若干资源,但我们始终应该进行"二分法"的划分,即分为"主要资源"和"周边资源"。前者是生态里的"基石物种",对应"月均付费资源方2";后者是生态里的"周边物种",对应"月均付费资源方1"。正因为如此,前面"资源池"的评估中,我们也应该将其分为两类资源方来进行评估。

至于划分的方法,还是与商业模式定位有关系。在估值之前,一定要首先明确这门生意主要提供的是什么资源供给，这也是很多企业喜欢去误导公众和专业投资者，以支持它们口中"高估值"的地方。所谓"主要资源"，有两条铁律不会骗人：

⊙ 标准1——在平台上"交易规模最大"或"付费额度最大"的一种业态。

⊙ 标准2——在解决方案中用户或商户最核心的一种资源诉求，能够黏合其他资源形成整体解决方案。

每类资源都有可能成为主要资源，打造出生态里的基础业态，但不同业态的收益空间是不一样的，这决定了项目的基础价值。至于什么资源能够成为主要资源，则与企业的基因有关。企业的基因又是来自于企业一路发展形成的路径依赖性。举例来说，顺丰曾经想通过"嘿客"渗透到零售领域，最终却以失败告终，因为他们还是物流基因而非零售基因（商流基因）。

在SR矩阵里，两类资源方的付费率和ARPPS都很重要，都能够支撑项目的估值。第一类资源方（基石物种）的数据决定了这个生态的主体价值，是生态稳定的基础；而第二类资源方（周边物种）的数据决定了这个生态的扩展价值，是生态繁荣的基础。当两类资源的付费率和ARPPS都能够清晰呈现时，当下生态的变现力也就一目了然了。

上述现状指标都是可以明确观测到的，对于未来的空间，则需要通过商业模式的逻辑来推算。

对于未来变现力的预测，还是采用互联网商业模式传统的三大收费模式（即广告、抽佣、服务）进行估算。与估算流量资产的未来变现力不同，由于我们已经明确定义出了未来潜在"资源池"的潜在资源方，所以每类潜在资源方可能产生的三大收益都是相对明确的。这种估算方式更加精准，而不仅仅是一种虚拟的可能性。

第六章
形成变现能力

上两章，我们分别从流量资产（需求侧）和生态资产（供给侧）的角度讨论了互联网项目的估值问题。我们的思路是，从一大堆看似"劲爆"的数字中，找出真正有价值的、能够说明商业模式本质的部分，再衡量出商业模式现有的和可能的空间。

如果说从流量资产和生态资产的角度出发，我们都有"容易抓住的锚"，那么，本章我们要进军一个异常模糊的领域。我们想探究的是，在同时具备流量池和资源池的企业，何种要素决定了其估值。换句话说，如何评估互联网企业在撮合供需上的"转化能力"。显然，这一能力应该是时下互联网格局中决定企业前途的胜负手。

互联网经济的三波红利

互联网经济发展至今，一共涌现了两波红利，而第三波红利即将来临。

第一波红利是流量红利。那个时候，企业只要接网就可以带来大量的廉价线上流量。以凡客为例，2008年其开始尝试从传统的电话销售方式（原型是一家名为 PPG 的企业）转型线上，一个月后，其销售额的一半就已经是从线上获得的。另一个例证是"千团局"时期，团购网站鏖战厮杀，各自攻城略地，在极短的时间内就将大量商户搬到线上。除了强势的地面"扫街"外，团购网站确实能够从线上为商户带来大量流量才是根本原因。所以，在那个时代，创业者在融资时说的都是流量的故事。甚至，有的风投机构直接用"用户数"乘以"单个用户获取成本"来估算项目价值。

第二波红利是生态红利。在大部分线上流量已经被挖掘，逐渐聚拢于 BAT 等大巨头之后，"流量黑洞"基本形成。此时，流量不再取之不尽、用之不竭，而是变得成本极高，企业说故事的方式也开始不同。一类拥有流量的企业反复强调自己在打造生态，强调自己能够利用好流量，能做许多事情（多种生意）。例如，小米讲"生态链"的故事，乐视讲"生态化反"的故事，各有成败，但商业故事的方向都是一样的。另一类不拥有流量的企业则强调"不做流量的入口，而做服务的出口"。它们在大流量入口的企业搭建的平台或生态里发展，力图变成生态里的"霸王龙"。这个阶段，流量本身已经不是一个特别成立的故事了，此时，如何变现才是关键。所以，无论是创业者还是资本都需要了解流量能够成就什么具体的生意、这些生意能够做多大。

第三波红利是数据红利。当同时具备了流量资产与生态资产时（请注意，我的意思是供需两端都上线了），商业模式的关键就在于能否有效撮合供需。互联网经济兴起的早期（2012 年前后），业界一度认为黄太吉、小米那种建立粉丝群，通过交互用户获得用户需求的方式就是"互联网思维"。但事实上，那种方式建立的只是一个"小生态"，成本极高，且无法规模扩张，并非真正的"互联网思维"。真正的互联网商业模式里，一定是基于数据来撮合供需的。形象点说，一是要有以"产品"或"社群"形式出现的"终端"，形成流量的入口，并且将流量数据化、在线化；二是要能够提供"云端"服务，在资源数据化、在线化的基础上，通过"大数据 + 云计算 + 算法"，将其精准配置给流量。

按照常理去推断，这个领域应该是互联网企业最擅长的地方，但事实上，这里却是诸多互联网企业共同的短板。原因很简单，在第一、二波红利期里，更多是通过头部流量（需求）和头部资源（供给）的拉动，形成了一定的GMV，这类需求和供给都特别强烈，当互联网企业提供了一个线上平台，它们自然能够形成交易，但这并非企业基于数据进行撮合的结果。而一旦第二波红利也开始消失了，企业就必须寻找新的突破口。此时，一方面是生态红利消失殆尽，另一方面是那些深耕数据红利的企业开始越过"拐点"。这个V字形的谷底必然会有一个"大爆炸"，而在此之后，会有若干之前有过累积的企业突破拐点、横空出世，甚至再次诞生BAT级别的、几千亿美元估值的头部企业。当然，也有可能是BAT这类企业再进一步，抵达万亿美元市值。

互联网世界的三波红利如图6-1所示。

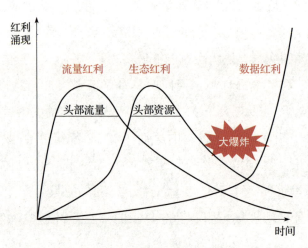

图6-1 互联网世界的三波红利

资料来源：穆胜企业管理咨询事务所。

挖掘数据红利的两要素

有意思的是，依靠头部流量和头部资源形成的交易量，居然在很长一段时间里被若干互联网企业视为必然规律。有一种论调是：互联网用户相当于一个金字塔，只有塔尖的一小部分人会付费，所以，必须要形成庞大的用户基座（即要有庞大的流量池）。另一种论调是：导入大量的头部资源方，不论是带入其本身的流量，还是依赖它们的交易能力，都能够立竿见影。

但如果我们了解互联网经济的发展规律，就会发现这两种论调都会"过时"。互联网商业模式的终局还是会落到数据红利上。要挖掘出数据红利，应该是这样一种"循环的逻辑"：

基于产品形式的"端口"（硬件＋软件）导入流量和资源，这个上线的过程自然会形成供需两端的"在线热数据"；而后，基于算法来匹配供需，为流量匹配精准的资源；供需的每一次匹配都会形成双方的反馈，也会导致持续的在线动作，而这些源源不绝的数据又会优化算法，导致对于供需的匹配更精准。

其实，用数据喂养出更好的算法，就是一个"机器学习"的过程，这个过程造就的就是一个不断强大的"人工智能"。可怕的是，这种人工智能的成长是没有上限的，越多的数据来"喂养"，它就越强大，越能促成供需两端更精确的匹配，也导致越多的流量和资源进入，如此，平台或生态就会越来越强。

例如，谷歌基于用户的搜索动作和对结果的反馈，不断优化搜索的算法，这一过程中，越来越多的用户感觉到其强大的内容提供能力而进入平台，越来越多的内容也被抓入平台。其实，我以前提到的"流量黑洞"并不是真正的黑洞，"算法黑洞"才是真正会导致赢者通吃的黑洞。

2002 年，谷歌还是没那么出众的小公司，也并未 IPO。凯文·凯利问谷歌创始人拉里·佩奇："拉里，我搞不懂。已经有这么多家搜索公司，为什么还要做免费网络搜索？这主意有什么好的？"后者回答他："哦，我们其实在做人工智能。"如凯文·凯利一样对互联网趋势有敏锐洞见的人，尚且不能预测互联网经济的未来，而拉里·佩奇这样的先驱却在开始就看到了终局，的确让人感叹。

总结起来，互联网企业要挖掘数据红利，应该具备两个要素：

其一是要有基于场景的"产品"来形成入口，让流量和资源以数据化的形式上线。一是要有成立的"场景"，即用户或商户的需求应该是高频的、刚需的，这是商业模式成立的基础，也是决定商业模式能够做多大的底层逻辑。二是要基于"场景"做出能够简单上手但又功能强大的产品，这决定了理论上存在的流量和资源能否上线以及在线效率如何。一款杀手级的产品能够将场景完美实现，让供需双方都沉浸其中，而这通常需要创业者通过交互用户来获得概念并设计产品。

其二是要有"计算能力"，能够把数据用活，形成一个闭环。计算能力是"大数据＋算法＋云计算"三者的结合，缺一不可。由于供需双方的上线，大量的"在线热数据"适时产生，形成了我们口中的"大数据"；而"算法"则是商业模式设计思路的体现，由互联网企业自己来定义，并设定机器学习的演化路径；至于"云计算"，亚马逊的 AWS、微软的 Azure、谷歌的 GCE、IBM 的 Softlayer 和阿里云之类的服务商已经实现了计算能力的随需调用（就像工业经济时代的电力一样）。当三者结合，就能够把数据高效地用起来，实现供需之间的匹配，并通过机器学习让算法越来越"聪明"。显然，前面小范围交互用户（或商户）获得需求的方式只是商业模式的起点，并不能替代后续这里通过"计算能力"实现的效果。

基于此，评估互联网企业在撮合供需上的"转化能力"的基本逻辑应该是：

$$E = P \cdot C$$

其中，E 依然代表从"转化能力"角度评估出的项目的经济价值，P

（product）代表"场景产品力"，C（computing power）代表"云端计算力"。这样设置模型意味着，两者对结构的影响都是乘数效应，而任何一个变量过于弱小，项目的估值都不会太高。

场景产品力评估

我们需要了解的是，场景是否成立，产品是否用最合理的方式还原了这种场景。我们也可以用另一个角度的问题来替代，即在这种"还原的场景"里，用户（或商户）的需求是否被有效地满足，而这种满足程度相对于竞争对手是否是具有优势的。

再通俗点说，这是产品选择赛道的问题。我在为企业提供咨询服务时，常常向一把手提出如下几个问题：

- 你们针对的细分用户（或商户）群是哪些，他们有什么需求？
- 你们基于核心竞争力提供的解决方案是什么？
- 你们敢不敢保证，如果竞争对手进入你们的这条赛道，有80%以上的可能性会死掉？

其实，这几个问题已经很清晰地呈现了企业的产品定位，也呈现了产品的前途。为了量化这种前途，在此提供一个穆胜企业管理咨询事务所常用的分析工具（见表6-1）。需要说明的是，这个工具采纳了狩野纪昭提出的KANO模型和IBM提出的$APPEALS模型的主流逻辑。

表 6-1 用户（商户）需求模型

需求类型	用户（或商户）主要需求	解决方案策略	需求满足程度/相对竞争对手的水平
基本型需求			
期望型需求			
魅力型需求			

资料来源：穆胜企业管理咨询事务所。

⊙ 基本型需求（必备基础）——需求得不到满足时，用户（或商户）很不满意；需求得到满足时，用户（或商户）也可能不会表现出满意。以电商为例，流畅的使用体验、产品的真实信息、可靠的支付工具等就属于这类需求。

⊙ 期望型需求（多多益善）——用户（或商户）需求满足程度同满意度同向变动。电商平台上提供的低廉的价格、高档的品质、快速的物流等就属于这类需求。

⊙ 魅力型需求（喜出望外）——随着用户（或商户）需求满足程度的提升，用户（或商户）满意度也急剧上升，但即使表现不完善，客户也不会不满意。当然，要追求满意度的陡然上升也不容易，这类需求的实现通常难度较大。电商平台上提供的金融服务、最后一公里（last mile）送达的温度、购买产品之外的增值服务等就属于这类需求。

在每类需求里，我们都要求具体描述对于产品的几条主要需求内容，并逐条给出产品对应的解决方案策略，而后再进行后续评估。

针对基本型需求，按照"需求满足程度"，用李克特五点量表进行计分，计分规则为：严重不能满足（1分），不能满足（2分），说不清（3分），满足（4分），超预期满足（5分）。针对期望型和魅力型需求，按照"相对竞争对手的水平"，用李克特五点量表进行计分，计分规则为：绝对劣势（1分），存在一定劣势（2分），持平（3分），存在一定优势（4分），存在绝对优势（5分）。

针对每条需求的解决方案进行评分之后，对于几类需求的计分进行汇总：

对于基本型需求，只要没有任何一条需求的解决方案得分在3分以下，使用户（或商户）整体达到基本满意，就可以进行后续的计算，但这部分得分对后续计算没有影响。

期望型需求属于"痛点",解决方案的得分越高越好,因为这是一条"没有尽头的赛道",其得分如实计算即可。

魅力型需求属于"痒点",但也能形成 USP(unique selling point,独特售卖点),能够给营销和运营创造巨大的空间,在期望型需求不分伯仲的情况下,甚至可以成为胜负手。在计算上,需要将负分项记为 0 分,正分项则如实计算即可。

需要说明的是,如果考虑期望型和魅力型需求中每条需求的重要性不同,可能要对每条需求赋予不同权重并进行综合加权平均,在此不再展开。

由此,企业的"场景产品力指数"为:

$$P = mD_1 + nD_2$$

其中,D_1 和 D_2 分别是期望型需求和魅力型需求,m 和 n 代表两种需求之间的权重分配,合计为 100%。

大量的互联网创业项目都是在没有选好赛道时就匆匆上马的。过去,业界将这种"快速行动,持续迭代"定义为"互联网思维"的重要组成部分,赋予了一种时代的特别褒义。但事实上,这样的创业方式无异于"脚踩西瓜皮,滑到哪里算哪里"。没有选好赛道就开始大干快上,相当于在沙堆上建房子,每一步都充斥着"勉强"。初期,用低价、补贴、买量的方式来拉新;而后,想尽一切办法快速收割变现;最后,用非常原始、低效的方式来留存;而在企业发展的每个阶段,都用故事来换资本实现"托底"。大量的案例里,不少企业根本没有意识到问题所在。于是,产品犯下的错,直接甩锅给运营,面对一把烂牌,运营自然也无能为力。

其实,就算是互联网业界最推崇的"精益创业",也强调在有了"产品假设"之后,用 MVP(最小可行品)去验证假设,而"产品假设"应该遵循的逻辑，正是我们在上面提到的内容。

云端计算力评估

按理说，计算力应该最终通过 GMV 来体现。但是，这样的计量方式显然会将数据红利混同在流量红利和生态红利里。所以，我的假设是，计算力的强大并不体现在撮合头部流量和头部资源的交易上，而是体现在撮合长尾流量和长尾资源的交易上。需要说明的是，有的商业模式并不追求撮合供需后能够实现 GMV，有可能只是免费使用，但这也能说明计算力，例如今日头条基于算法撮合不同用户观看不同内容。下面为了方便描述，暂时不考虑这种情况，但分析的原理是相同的。

这里面的区别是很大的，如果通过流量红利和生态红利实现了 GMV，企业最多是将传统生意搬到了线上，利用线上信息交流的便利实现了一轮最浅层的商业模式迭代。例如，过去一个超市陈列商品的多少依赖于店面的大小，而现在一个电商网站陈列商品的多少几乎是没有限制的，一个用户可以通过点击、搜索发现无穷无尽的商品。于是，用户基于"惯性"将线下的购买行为搬到了线上，有可能还会因为更多的线上陈列，比平时多买一点，相信不少淘宝"剁手党"都有这样的体验。这一定是商业模式的升级，但这种升级还不够，甚至走到一个极端还会形成负面的影响。当用户面临海量的商品信息，如果不能帮助他们高效地选出真正需要的产品，就会让用户焦虑，甚至离开（很大可能会转到线下）。要解决这个问题，就需要用计算能力来挖掘数据红利。

长尾流量是一些"低欲望"流量，他们并不沉迷于获取此类资源；而长尾资源是一些冷门的资源供给，并不被太多的流量所需要。所以，如果仅仅是搭建一个平台，资源只能被动等待流量上门，或者投放非精准的广告，这类 GMV 是不可能被放大的。但是，"低欲望"并不等于

"无欲望",而是欲望没有被发现,他们可能是更大的"金矿";"冷门"并不等于"无人问津",很有可能是没有呈现到需要的人面前,因为是细分领域,其溢价可能更高。所以,一旦运用数据来匹配供需,这类GMV的放量就是必然的。正因如此,我为这种计算能力的评估设计了一个小工具(见表6-2)。

表6-2 互联网平台计算力评估矩阵

		超高频流量(X_1)	次高频流量(X_2)	中频流量(X_3)	低频流量(X_4)
		a	b	c	d
超高频资源(Y_1)	e	$X_{11}=1/2$	$X_{12}=1/4$	$X_{13}=1/8$	$X_{14}=1/8$
次高频资源(Y_2)	f	X_{21}	X_{22}	X_{23}	X_{24}
中频资源(Y_3)	g	X_{31}	X_{32}	X_{33}	X_{34}
低频资源(Y_4)	h	X_{41}	X_{42}	X_{43}	X_{44}

资料来源:穆胜企业管理咨询事务所。

首先,我们将流量和资源按照其交易的频率从高到低进行排布。例如,超高频流量是指交易频率最高的前25%的用户(或商户),即购买能力最强的"头部流量";而超高频资源则是指交易频率最高的前25%的资源(商品、信息、服务、金融等形式),即出货能力最强的"头部资源"。请注意,这里并没有按照交易量而是按照交易频率来进行区分,这是因为后者更能说明流量的交易习惯或资源的交易能力,说明其是不是属于"长尾"。

其次,我们为每个频率段设置了一个参数,其目的在于说明计算能力的大小。显然,按照我们上面关于"长尾交易更能说明计算能力"的假设,有 $a<b<c<d$,$e<f<g<h$。

再次,我们以流量为口径,将每类资源在每类流量中形成的交易量按照比例数进行拆分。如表6-2中,超高频资源在各类流量中形成的交易量分别为1/2、1/4、1/8、1/8,相加等于1。

最后,通过如下方式汇总每类资源上体现的计算能力:

$$Y_1 = aX_{11} + bX_{12} + cX_{13} + dX_{14}$$
$$Y_2 = aX_{21} + bX_{22} + cX_{23} + dX_{24}$$
$$Y_3 = aX_{31} + bX_{32} + cX_{33} + dX_{34}$$
$$Y_4 = aX_{41} + bX_{42} + cX_{43} + dX_{44}$$

企业总的"云端计算力指数"则为：

$$C = eY_1 + fY_2 + gY_3 + hY_4$$

显然，在我们的工具中，我们通过参数的调节，更多从撮合长尾需求的成果来衡量计算能力。试想，如果将当下互联网企业的数据按照这个矩阵进行呈现，我们可以看出多少名堂？一个判断是，如果某个企业的中、低频流量和资源只有很少的交易，那么这个企业的计算能力就有很大的问题。

数据红利的未来在哪里

"产品力"和"计算力"两个要素，都是互联网企业撮合流量和资源、转化 GMV 的关键。但在两者中，真正的红利空间可能要从后者上面挖掘。

就"产品力"来说，互联网企业需要找到设计产品的"原型场景"，并将其进行产品化。这个过程更多依赖于创业者感知场景和设计产品的能力。严格意义上说，两者都是需要天赋和机遇的。当然，中国大量的互联网产品都是采用了美国的原型，这个不失为一条捷径，毕竟在其他市场经过了验证。国内有的投资机构就遵循这样一个原则——必须在国外看到原型，才会投资。但请记住，将这种产品原型本地化为"中国版"，也需要在对中国场景的理解的基础上进行产品改造，这也是一种能力。所以，在这个方面，只有让市场冲刷出真金。

就"计算力"来说，我们看到了一个大的趋势，那就是"数据云化"。具体来说，企业越来越倾向于通过 SaaS 的方式形成"业务流（work flow）全覆盖"的数据底层构架。过去将业务流数据化、在线化的方式无非是通过 ERP。ERP 是一种标准化的管理体系，对于业务流的覆盖是有限的，其在商业模式动态迭代的过程中，扩展性和兼容性也是有限的。以前有个说法，要把 ERP 从内部使用的 1.0 版推向对接客户的 2.0 版，甚至推向同时对接客户和外部供应链的 3.0 版。但 ERP 的底层逻辑决定了其并不是一个开放的形式，这种路径不太可能实现。这和某些企业强调数据安全，倾向于选择私有云是一个路数，其实，私有云根本就不应该算"云"。

所谓 SaaS，是在 IaaS（infrastructure as a service，基础设施即服务）提供基础设施（如场外服务器、存储和网络硬件等）、PaaS 提供基础设施及中间件（如编程语言、开发库、部署工具等）的基础上的进一步延伸。具体来说，SaaS 企业自己搞定硬件和中间件，将使用者想要实现的功能开发成应用软件，并为使用者提供账号供其使用，再按照不同服务等级收费。

当下，SaaS 已经越来越火，某种程度上，暗暗印证了前面提到的商业趋势。2016 年，Oracle 用 93 亿美元收购了 Netsuite；2018 年，刚传出的消息是 SAP 与 Qualtrics 达成 80 亿美元的收购意向……大额的收购案背后，都是传统软件巨头们"Buy to Cloud"的决心。此外，2019 年，SaaS 巨头 Salesforce 的估值达到了 1000 亿美元左右。有意思的是，国内却出现了相反的趋势：2017 年下半年开始，SaaS 领域的融资出现了"断崖式"下滑，其中，2014 年以后成立的 SaaS 企业，倒闭数量竟高达数百家。

下篇会谈到 SaaS 企业作为一种 B2B 的商业模式是否存在独立发展的巨大空间，我想要强调的是，SaaS 作为互联网企业的底层构架，可以释放出巨大的数据红利。一个互联网企业为了让自己搭建的平台具有更高的运转效率，自己搭建底层的 SaaS 似乎是必由之路，这样就能实现对于业务流的有效覆盖，将业务流全部数据化、在线化。如果要兼容平台上供需两端使用者的个性，还可以 SaaS 的形式提供 API（application programming interface，应用程序编程接口）。如此一来，就可以形成庞大的线上热数据，企业的算法就可以通过机器学习的形式，形成自动进化的强大人工智能，打造出其他企业难以企及的巨大优势（形成黑洞）。

2019 年，猎聘网投资了 SaaS 企业薪宝科技；2018 年，美团宣布全资收购餐饮 SaaS 企业屏芯科技；更早之前，阿里巴巴在 2014 年和 2017 年两次投资了 SaaS 企业石基信息，2014 年还投资了中信 21 世纪……国内一个可能的趋势是，互联网巨头企业并购行业内 SaaS 企业的案例越来越多，而它们瞄准的，都是至今依然亟待开发的、巨大的数据红利。

第七章

警惕"双杀效应"

当企业处于初生期时，我们需要对其增长趋势进行判断；当企业处于商业模式构建期时，我们需要对其流量、生态、转化能力进行判断。这种逻辑的立足点在于，在企业商业模式搭建尚未完成时，我们只能从一些"重要局部"去推演其商业模式的价值。

一旦商业模式搭建完成，我们就可以用成熟的财务工具对其进行估值判断。美国人有句俗话："上帝也得信数据"，而财务数据（尤其是经过会计师事务所审计后的）更是让人难以质疑。于是，基于财务分析的方法论成了投资机构的主要武器。但遗憾的是，这种武器常常会受到过于"滞后"的质疑。有CEO戏称："财务报表就是滞后数据，看见糟糕的财务数字时，就是你为企业收尸的时候。"

这种质疑颇有市场，有的企业营收、利润一直增长有力，但环境的风吹草动却很容易让其轰然倒下。难道在财务数据之外，还应该寻找其他方式来判断企业的基本面？

管理上的"双杀"效应

在资本市场上，有戴维斯双杀效应（Davis double play）的说法，即上市公司利润下滑，每股盈利（EPS）下滑，会引起市场抛售，导致股价下跌，股价下跌带动市盈率（PE）下跌，又导致股价进一步下跌。换句话说，企业本身盈利性（EPS）的下滑和市场预期（PE）的下跌交织在一起，对于股价形成巨大的下挫影响。

我们也借用这个相似的机理来揭示另一种"管理上的双杀效应"。

企业在发展的过程中大概会经历三个阶段（见图7-1）。

第一个阶段是"车库创业期"。这个阶段的特点是，老板用个人魅力带领合伙人团伙一起创立企业，这类创业小团队组织活力是最强的，但企业并没有规模优势（包括规模生产、分销、采购等形成的优势）。此时的企业，主要是由组织活力驱动的。"车库创业期"最多持续几年，随后，随着员工人数增加、分工不均、组织内人际关系复杂、个人职业倦怠等情况逐渐出现，组织活力会迅速下降，这个过程几乎不可逆转。有意思的是，不少互联网企业就喜欢将这种短期的"故事"当作一种"模式"，强调"创业精神"，强调"去管理化"，这直接导致管理的粗放，并带来不可估量的后果。

第二个阶段是"缓冲期"。这个阶段的特点是，企业已经拥有了相当的规模优势，但组织活力却进一步下降。此时的企业，主要是由规模效应支撑的，但在管理上乏善可陈。其实，这是中国不少企业家信奉的发展路径，他们更希望将精力放在战略布局和资源整合上，对管理则缺乏匠心。他们选择"先做大，再做强"，他们相信规模优势才是根本，而对"大企业病"视而不见。有的时候，他们甚至会用"帝王术"来驾驭组织，将"大企业病"视为必然。其实，这类企业是"带病发展"，其打下的规模并非有效规模，后续必然遭遇困境。"缓冲期"也是一个时间窗，如果企业在这个阶段沉迷于做大，而不雕琢管理，组织的基因就会被固化，后续无论如何努力，也再没有转型成功的可能。

第三个阶段被笔者称为"花样作死期"。这个时期,由于"大企业病",人效下降会一直持续,但规模效应已经触顶,遭遇瓶颈期,无法撑住发展趋势,企业将被拖入深渊。一方面,规模效应触顶几乎是企业发展的必然规律,不是指规模效应的原理消失,而是指以企业的经营能力,没有办法挖掘出更多的规模效应。另一方面,人效的下降是没有下限的,极端的情况下,员工不仅可以磨洋工,没有任何产出,还可以降低组织效率,挥霍市场机会,浪费各类资源,企业的损失远远不止其人工成本本身。

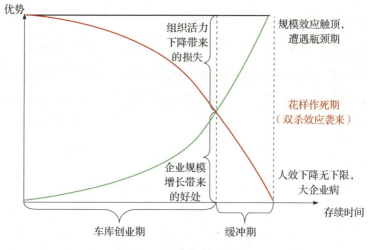

图 7-1　企业发展三阶段

资料来源:穆胜企业管理咨询事务所。

所谓"管理上的双杀效应"正是在"花样作死期"出现,这个阶段,企业家们会陷入一种纠结。

一"杀"是员工动不起来,被企业自己耗死。由于企业越来越大,分工极度精细,每个人都变成了企业的零件,为自己的动作负责,而不再为企业的经营结果负责。换言之,企业进入了"吃大锅"的怪圈。这个方面,典型的数据表征就是人力资源效能(human resource efficiency，简称"人效"）下降，如人工成本报酬率、人工成本投产比、人均毛利等指标的下降。

二"杀"是企业创新乏力，被外部环境杀死。由于企业分工极度精细，每个员工的关注点都是自己的动作是否完成，大家习惯用动作换取绩效指标（KPI），用指标换取薪酬。甚至，在绩效考核不够精细时，员工还会为了获得更好的评价而讨好领导，进一步加速了企业的官僚化。此时，大家不关注市场究竟需要什么，即使听见了市场的声音，也会把这些声音当成"屋子里的大象"，视而不见，不会有所行动。当企业没有紧盯市场，没有基于用户需求进行创新时，产品就陷入同质品的竞争，自然守不住价格。这个方面，典型的数据表征就是财务效能下降，如资产回报率、投入资本回报率、毛利率、净利率等指标的下降。

这两个方面对企业的负向影响不是孤立的，而是犹如戴维斯双杀效应，有相互加速的作用。当人效下降，员工的动力不足，他们必然回避市场，龟缩到自己的岗位里按部就班；这又导致了创新不足，进一步降低了企业的财务效能；而企业财务效能不佳，盈利性不足，同样的人力资源投入（编制和人工成本等）条件下产出减少，进一步导致人效下降，又会引致企业误以为需要更多的人员投入（即使老板不愿加人，员工也找理由说"缺人"，要编制），这进一步强化了大企业病，又会削弱创新……如此一来，循环往复，企业跌入深渊。

人效才是组织能力的最佳代言

什么是人效？说简单点，就是人力资源这门生意的投产比。具体来说，就是将经营贡献（财务绩效或与之密切相关的市场绩效）与公司、事业部、部门、团队、个体等不同层面的人力单位相联系，计算出不同人力的投入是否产出了相应效果。更简单地说，财务结果除以人力单位，就是我们所谓的"人力资源效能指标"。

过去的工业经济时代，人从来不是最主要的生产要素，人是附着在技术、资金、土地、社会资本等生产要素上发挥作用的。而当下的互联网时代则是人力资源作为重器的时代，人是所有资源运行的中心，盘活了人，就盘活了企业所有的资源。

为什么我将人效称为经营的支点呢？

其一，**如果我们不否认人力资源管理的最终目的是产生组织能力，那么人效就是组织能力的最佳代言。**我曾经举过一个黑箱模型的例子（见图7-2）。企业好比一个装有组织能力的黑箱，一边投入资源，另一边产出绩效。由于组织能力很难测量，我们只能通过一个机制来验证。组织能力强，黑箱成为放大器，小资源投入带来大回报；组织能力弱，黑箱成为衰减器，大资源投入带来小回报。而资源的投产比正好就说明了企业的组织能力，如果我们将人力资源视为最重要的资源，那么人力资源效能就是企业组织能力的最佳代言。

图7-2 组织能力的黑箱模型

资料来源：穆胜企业管理咨询事务所。

其二，从平衡计分卡的逻辑来看，高效的组织管理（由人力资源职能支撑）支撑了高效的流程，形成了市场的结果，决定了财务的结果。所以，**当我们将人力资源与市场和财务维度的绩效相联系时，我们诉说的就是一个"持续经营"的逻辑。**毫无疑问，人效指标是超前指标，而财务指标是滞后指标。当期的人效指标，很大程度上决定了一段经营周期内的财务指标。

顶级企业家对于人效的执着可能会对我们有所启示：

任正非在华为飞速狂奔的过程中，一直强调"两流一效"，即高收入流、高现金流、高人效（人力资源效能）。所以，在某段时间，即使华为的经营数据超过了爱立信，但人效不高，他依然不满。

就连高速成长的互联网企业也在死抠人效。

淘宝早期，马云定下了人效（人均交易额）要达到10万美元；后来的淘宝时代，马云将这个人效目标定到了1亿元；到了支付宝阶段，马云要求人效达到5亿元。这样高企的人效要求，让当时的公司都不敢轻易加人，因为，每加一个人都是增加了上亿元的交易额。

另一个例子是美团，"九败一胜"的王兴对于人效的感觉应该是极强的。2011年8月，美团网是2500人左右，截至2013年3月，人数是2700人，一年多的时间里居然仅增加了200人。2011年，窝窝团和拉手网的员工数量一度攀升至5000多人。结果，美团赢得了千团局，成为现在的行业霸主。

当我们确认了人效这个经营坐标之后，应该具体关注什么指标呢？笔者用如下矩阵来衡量人力资源效能（见图7-3）。

人力资源的投入主要用人工成本（labor cost）和人员编制（head count）两个口径来衡量，而人力资源的产出则主要用业务指标（task volume）和财务指标（financial result）衡量。由此，按照"产出／投入"的方式，我们可以导出若干人效指标。例如，在财务指标中选择"营业收入"，除以"人工成本"，就得出了"人工成本投产比"。再如，在财务指标中选择"利润",除以"人工成本",就得出了"人工成本报酬率"。现实中,企业的生意性质各有不同,所以,不能僵化套用上述指标,而应该基于实际情况定制"人效指标体系"。否则,在人效的关注上稍有不慎,就有可能带偏企业的方向。

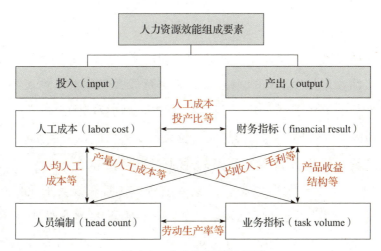

图 7-3 人力资源效能矩阵

资料来源:穆胜企业管理咨询事务所。

从财务效能看企业真伪增长

除了人效之外,财务效能也应该被关注,这些算法基本可以分为两类:

一类是从利润表的角度看投入,具体指标有毛利率、营业利润率、净利率等,可以从一个短经营周期判断企业生意的基本面。另一类是从资产负债表的角度看投入,具体指标有资产回报率(ROA)、净资产回报率(ROE)、投入资本回报率(ROIC)等,可以从一个更长的经营周期判断企业的基本面。

鉴于这些算法已经比较成熟,在此不做赘述,但提出一些应用的建议:

一是警惕高毛利行业。有的行业的高毛利不是来自于创新形成的营收溢价，而是来自于行业存在价格卡特尔（价格协议）。这些行业牌照有限，屈指可数的几个玩家相互之间有默契，谁也不会吹响价格战的号角。如果政策一直封死新的进入者，如果玩家之间对于市占率的现状已经认可，不再想要重新洗牌，那么，这些企业的估值是可靠的。反之，则有巨大的风险。

二是警惕高净资产回报率的企业。如果高净资产回报率是因为有大量有息负债，这类企业在该指标上的优秀背后就隐藏着风险，尤其是在当前去杠杆的政策背景下。当然，中国的金融政策实际上是在鼓励企业通过举债来做大规模的，规模越大，越容易获得低成本资金。

三是警惕高投入资本回报率的企业。投入资本回报率是用EBIT（息税前盈利）经过税率调整除以投入的资本（股东权益加负债减去非运营现金和投资），说白了，就是看企业实际投入的钱带来了多少实际回报。有的企业之所以拥有高投入资本回报率，是因为有大量的无息负债，相当于投入资本不多，但依靠自身强势地位，借用了大量的上下游资金进行经营。一方面，这种方式是企业竞争力强大的表现；但另一方面，这种方式也容易形成上下游的"挤兑"。当然，有的企业家坚信在中国是"大而不倒"（too big to fail），那又是另一套逻辑了。

其实，单纯从传统财务数据上看财务效能，也容易掉入陷阱。企业的经营是一个协同系统，无论是从资产还是从成本费用的角度，必然是由诸多投入构成，无论如何拆分局部，都有可能存在分析的死角。

那么，是否存在更加直观的方式来判断财务方面的效能呢？

可以从市占率和行业大盘两个维度来分析企业的竞争力，为此笔者整理了一个模型（见图7-4）。需要说明的是，这个模型和波士顿矩阵、GE矩阵有一定的相似性，但是在横纵轴的指标选择上，更加简洁。另外，我们也尝试对每类业务的状态进行分类，并给出相应的财务效能判断。

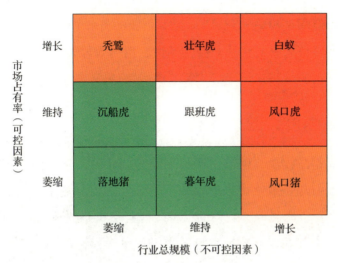

图 7-4　企业竞争力模型

资料来源：穆胜企业管理咨询事务所。

图 7-4 中，绿色区域企业的财务数据中，营收和利润规模必然也会下降，报表的基本面会很难看，如果这类企业的财务效能是往下走的，那么我们几乎可以肯定，这类企业没有未来；红色区域企业的财务数据中，营收和利润规模必然是上升的，报表会一片祥和，要么市占率不变，企业随大盘放量，要么大盘不变，企业获得了更高的市占率。如果这类企业的财务效能是往下走的，它们就有可能是为了规模在做牺牲，放松了管理。在未来能否纠正过来，那就很难说了。当前，大量的企业都会掉入这种陷阱。举例来说，ofo 就属于这类企业，市占率和行业总规模都在放大，看似基本面相当不错（这也是大量资本进入的原因），但如果从单车收益率等财效指标来看，立即就会露出伪增长的"原形"。相对地，如果这类企业的财务效能是往上走的，它们就是"卓越"的企业。

最具迷惑性的是"秃鹫"和"风口猪"所在的区域。

"秃鹫"类企业

虽然市占率在增长，但行业却在萎缩。此时，它们的财务报表也可能很好看，但却是靠吃"死尸"（死掉企业的份额）来增长的，从这一点看它们并不是有未来的企业。换句话说，财务效能再高，也是昙花一现。这类企业真正的出路在于寻找"第二曲线"，进入新的赛道。

"风口猪"类企业

虽然行业在放量，但市占率却在萎缩。此时，它们的财务报表也可能很好看，但却是风吹出来的绩效，不是依靠自身竞争力的结果。换句话说，因为竞争力减弱，它们的财务效能必然也是往下走的。形象点说，风没停，大家都在攻城略地，抢占市场；风一停，其他强悍的对手就会转身反戈一击，吃掉它们。这类企业真正的出路在于抓好管理，提升财务效能。

从全面进攻到防守反击

其实，如果代入效能的逻辑，我们就会发现，显性的财务数据下隐藏了太多的信号，而这些信号很有可能就是判断企业估值的关键。

回到经营逻辑的问题。企业在经营过程中应该守住两条底线：一是进攻的底线，就是规模；二是防守的底线，就是效能（人效和财效）。以前，大多企业是"进攻为主，兼顾防守"，以"经营"来做规模，管理可以忽略不计，效能可以视而不见。**但现在的寒冬期里，企业需要"防守为主，兼顾进攻"，应该关注"管理"，效能是生死线，增长必须是"精实增长"，规模必须是"有效规模"，活下去才是当务之急。**事实上，就算没有现在的寒冬期，企业也应该走"精实增长"的路，这样的企业家才是在做价值创造而不是套利。

其实,经营和管理从来就不是二选一,而是一枚硬币的两面,从来就分不开。盲目经营,没有管理,涸泽而渔,未来堪忧;为了管理而管理,不顾经营,埋头赶路,迟早掉进坑里。

当前,由于外部环境的挤压,企业必然攻守一体化,是时候回归到管理的原点,将经营上的宏图伟略变成管理上的一砖一瓦。笔者始终认为,管理是永远的蓝海,有挖掘不尽的红利。这个道理不一定所有的人都认可,但市场和实践终会证明一切。

HIGH VALUATION

HOW TO CREAT THE MOST VALUABLE INTERNET BUSINESS MODEL?

中 篇

消费互联网的下半场

近年来，总有人断言互联网的下半场是产业互联网的世界。在他们眼中，消费互联网的世界就是一个"流量战争"的江湖，在BAT巨头的势力割据下，这个江湖似乎早已波澜不惊。但根据我们的观察，消费互联网的竞技场里并未尘埃落定，即使是BAT这样坐拥流量的巨头，也面临来自各方的威胁。

笔者相信，判断流量的走向才能判断消费互联网的未来。在大量研究之后，我们可以发现三大流量趋势：

一是社交平台和信息流平台逐渐融合，形成具有强大流量吸附功能的"黑洞"。正是在这样的趋势下，字节跳动独辟蹊径、横空出世，掀起了"头腾大战"。

二是流量黑洞开始与电商相互渗透，形成一种威力巨大的商业实体。拼多多和云集等社交电商脱颖而出，背后正是这股强大的力量，虽然它们并非趋势的真正答案。

三是流量在公私域之间流动，让商业生态的层次变得更加复杂。在流量红利消失的背景下，平台上的企业越来越重视自己的私域流量，但公私域之间绝对不是流量争夺的简单关系，它们相互依存，又相互斗争。

这三大趋势正在重塑消费互联网世界的秩序。

流量搅动带来的是秩序的变化，必然推动消费互联网进入新纪元。但流量搅动的背后，是从未改变的互联网世界底层逻辑在一步步展现峥嵘、释放威力。消费互联网的世界从未创造新知，我们只是在逼近真相。

进一步看,消费互联网才是互联网世界变革的源发地,消费互联网世界的变化正在影响产业互联网的世界,并催生了若干穿透全产业链的"跨界物种"。无论是哪个赛道的玩家,理解消费互联网的若干趋势才能洞见未来。

第八章

消费互联网世界的流量黑洞

C端流量所在,就是战火硝烟所在,就是消费互联网的主战场。近年来,散落在各个入口的流量似乎出现了迅速的归集,进入一种新型的"黑洞"。而"黑洞"的缔造者中,既有老派的强者,也有新兴的枭雄。

流量分布的基础格局

整体来看,中国网民规模持续增长,同时手机网民占整体网民的比例也在持续增长。到2018年,98.6%的网民都已经是移动互联网的接入者,他们的消费行为更多出现在移动端(见图8-1)。不难发现,移动端将是消费互联网流量战争的决战之地。

尽管网民数量在持续增加,但这并不能说明互联网世界的流量红利依然存在。消费互联网赛道的创业者普遍的感觉是,流量越来越难获取,越来越贵。以下两组数据可能说明了问题:

从月活跃用户数量来看(见图8-2),一方面,月活跃用户规模一直上升,2019年2月已达到11.38亿;另一方面,月活跃用户的增速一直在下跌,2019年3月同比增速首次跌至4%以下(3.9%)。

第八章 消费互联网世界的流量黑洞　089

图 8-1　2007～2018 年中国整体网民及移动网民规模

资料来源：CNNIC，《中国互联网络发展状况统计报告》。

图 8-2　中国互联网月活跃用户规模趋势

资料来源：QuestMobile.

结合网民上网时长来看，根据 QuestMobile 的数据：一方面，中国移动互联网用户月活增速放缓，2017 年 12 月同比增长尚有 6.3%，而 2018 年 12 月同比增长仅为 4.2%；另一方面，月人均单日使用时长增速加剧，2017 年 12 月同比净增 12.5 分钟，而 2018 年 12 月同比净增则放大到 62.9 分钟。这意味着流量已经基本归位（到各个 App 上），剩下的是对于用户占用时长的争夺。

整体来看，移动互联网的流量红利已经见底，"用户占用时长"才是竞争的重点。

我曾在 2014 年出版的《叠加体验：用互联网思维设计商业模式》一书中提到，这类流量会存在于一些功能终端和用户社群，前者被称为"完美终端"，后者被称为"价值群落"。彼时，一方面，互联网的流量红利尚未释放完毕，单纯的功能终端，如电商、服务类、资讯类端口仍然茁壮成长，未见疲态；另一方面，社交平台和基于社交平台的社群也未成气候，并未走向大规模商业变现的阶段。于是，这些项目各行其道，并行不悖，偶尔还相互踩踩对方，都认为自己是未来的主角。

随着移动互联网逐渐渗透到用户生活的每个领域，C 端用户的手机上装满了 App，而常用的却不超过 10 个，每天都会打开的不超过 5 个，百花齐放的状态很快停止，"超级 App"形成。那么，流量究竟涌向了哪些"超级 App"呢？

如果我们将"完美终端"和"价值群落"再进行细分，主流的移动互联网 App 可以分为五类：

- 社交 App——实现人与人之间的交流，典型的有 QQ、微信、微博等。
- 信息流 App（资讯）——实现人与信息的交流，典型的有今日头条、百度等。
- 电商 App——实现人与商品的交流，典型的有淘宝、天猫、京东等。
- 服务 App——实现人与服务的交流，典型的有美团、58 等。
- 游戏 App（手游）——这是一个很特殊的存在，其虚拟了一个世界，让用户沉浸其中，联机游戏还都带有社交属性。最典型的头部企业是腾讯游戏和网易游戏。

从目前的发展趋势来看，纯粹的电商和服务类App的流量基本稳定，变化主要出现在社交和信息流两类App上，而游戏App作为一个"X因素"附着于社交App上，可能引发流量变局。当然，电商和服务类App加载社交、信息流和游戏功能来缓解"流量焦虑"，也是大势所趋。几个"超级App"之间相互渗透，都在抢夺用户和挤占用户时长，流量战争已经是寡头之战。

流量分布的格局变动

我们尝试以社交和信息流两类App的流量变化为主线，来描述整个移动互联网流量搅动。当然，在这个描述中，我们也将谈到上述其他的趋势。事实上，未来的"超级App"可能都会兼具几种属性，成为一个个"综合体"。

不妨首先分析社交和信息流两类App的特点，来解释我们为何将两者放到一起来描述。

社交App主要有三类：一是点对点的IM（instant messaging，即时通信软件），如QQ等；二是中心化的BBS（bulletin board system，电子公告板），如虎扑；三是去中心化的SNS（social network software，社交网络软件），包括博客、微博、微信等。

信息流一般指一个聚合了无数个动态的页面，因此信息流类产品普遍又叫信息聚合器（news aggregator）。最早的信息流以RSS[⊖]协议

⊖ RSS 为 really simple syndication（简易供稿）的缩写，是某一站点用来和其他站点之间共享内容的一种简易方式，也叫聚合内容。这一技术是由 Netscape（网景公司）在1997年开发的。网络用户可以在客户端借助于支持 RSS 的新闻聚合工具软件（例如 Sharp Reader Newz Crawler、Feed Demon RSS Reader），在不打开网站内容页面的情况下阅读支持 RSS 输出的网站内容。可见，网站提供 RSS 输出，有利于让用户发现网站内容的更新。

驱动，严格采用"关注"和"时间"两个要素进行排序。也就是说，只有用户主动关注的主体发布的动态会出现，所有动态严格依照发布时间排序。

而后，信息流进入了个性化算法驱动的时代。信息流 App 内置的算法综合若干变量，判断用户最感兴趣的内容，而后进行精准推送。而"关注"与"时间"仅仅是其中两个变量，并不像以前一般起到决定作用。换句话说，即便是用户没有关注的或者是较早发布的内容，只要算法判断用户可能对该内容感兴趣，都会出现在信息流中。

当然，在信息以"流"的形式出现之前，其主要呈现在门户网站和搜索引擎上。严格意义上说，这类 App 并不是我们当前所谈到的信息流，但考虑其功能都是资讯发布，我们暂时将其放到广义的信息流 App 范畴中，以方便分析。

两类 App 有千丝万缕的联系：社交 App 尽管实现了人与人的交流，但交流的载体一定是各种形式的"信息"；而信息流 App 尽管实现了人与信息的交流，但当某人发出一个信息，而另一个人也接收到了这个信息时，人与人之间就实现了某种程度上的"社交"。

社交 App 和信息流 App 都有两个驱动因素（见图 8-3）：一是连接方式，即究竟是中心化的连接，还是去中心化的连接，究竟是自由选择的连接，还是算法推送的连接。二是内容发布形式，即是文章、图片、图文、小视频还是直播等传播形式。从历史的规律来看，这两个因素中，任何一个变量的改变都足以引发一轮平台革命，出现新的"风口"。

早期的信息流是通过 PC 端的门户网站来呈现的。这些网站通过专业团队形成高质量的内容，并自上而下进行权威发布，当时的新浪、腾讯、搜狐、网易都是此类形式。显然，这种商业模式不能称为平台，而应该是自营。早期的社交则是以论坛为代表的中心化场景和以 QQ 为代表的 IM，唯有博客算是 SNS 的前身。

第八章　消费互联网世界的流量黑洞

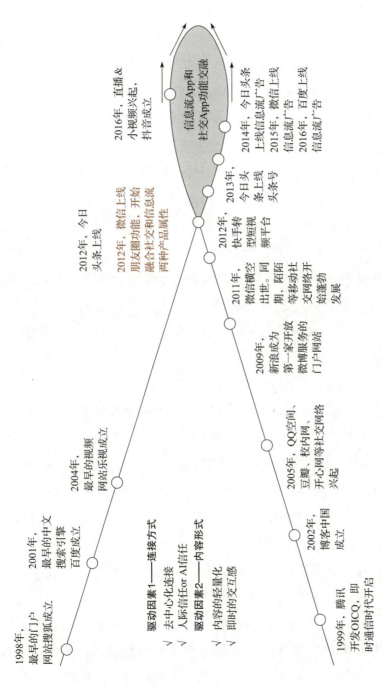

图 8-3　信息流 App 和社交 App 功能交融

资料来源：穆胜企业管理咨询事务所。

彼时，由于社交平台上的内容生产者并不强大，还不足以替代专业的内容生产者，所以，信息流端口仍然有极大的生存空间。而与此同时，早期的社交依然是以版主、名人等少量拥有话语权的内容生产者为中心，而 QQ 这类能够形成大量社交的 IM 软件，又不具备强大的内容发布功能。所以，早期的信息流端口和社交端口的功能是相互独立的。

直到博客走向了微博，这个局面开始被打破：微博使得所有用户都可以在开放的平台上自由连接，普通用户居然可以与名人对话，实现了一定程度的"去中心化"；同时微博又降低了内容生产的门槛，用户可以用 100 多字在公众面前即时、轻快地表达自己的内容。此时，个体的内容生产者开始崛起，并借用 SNS 的强大张力开始迅速释放影响，一群大 V 迅速崛起，甚至威胁到专业的内容生产者。

随后，以 2012 年为分界线，信息流和社交 App 开始走向功能交融。这一年发生了两个关键事件：

一个关键事件是，微信横空出世，通吃社交和信息流需求。其创造性地基于 IM 的强关系来做 SNS，不仅把社交强关系的张力发挥到极致，还通过"公众号"让用户实现了对于内容的升级（相对于微博 100 多字的空间）。此时，微信朋友圈成为信息流的第一阵地，以至于不少传统媒体人（专业内容生产者）开始转型做公号，咪蒙等"10 万+大号"也估值不菲。而微信作为一个平台，无论从哪个数据看（用户数、日活、月活、占用时长等），都算是天下无敌。

另一个关键事件是，今日头条上线，引领了用个性化算法驱动信息流的时代。在 PC 时代，门户网站是信息流平台的初级形态。这种平台上，大屏呈现极度细分的品目，用户需要层层点击才能抵达想要的内容。而在移动互联网时代，小屏彻底改变了信息流平台的形态，有限的屏幕只能承载小部分的内容，信息只能随着用户的刷屏一条条地呈现。准确来说，这种排列方式似乎才是现在被定义的"信息流"。严格意义上说，微信的信息流属性并没有突破传统的信息流推送方式，依然是遵循"关注＋时间"的逻辑，而今日头条用算法推送来突破，瞬间在微信的地盘上撕扯出了一个巨大的空间。随后，今日头条更将这种基因代入社交领域，孵化出了抖音、西瓜、火山几个TOP5的视频社交网站。

两个霸主殊途同归：腾讯从社交出发进军信息流，优势基因就在于自己的强关系社交网络，用户一旦嵌入，无法脱离；而字节跳动从信息流出发进军社交，优势基因就在于自己的个性化算法，用户一旦使用，同样会上瘾。于是，头腾大战，一触即发，两军交战之地，已经火花四溅。这一过程中，搜索霸主百度似乎后知后觉，也进入到信息流战场，大有将头腾大战变成"三国杀"的意思。

流量黑洞背后的逻辑

社交平台和信息流平台的融合趋势背后，是两个互联网底层逻辑的驱动，所以，这种趋势不仅迅猛呈现，而且无可逆转。这种融合正在造就笔者所谓的"流量黑洞"，意为可以强力吸附周边流量的超级入口。说得再简单点，当这个超级入口和其他App具有同样功能时，用户更倾向于被吸入"黑洞"。

连接方式进化

第一个驱动因素是连接方式的进化，以"去中心化连接"为基本结构，走向"人际信任"或"AI信任"。

可以说，互联网世界的底层逻辑就是"去中心化"，任何一类产品，要想在互联网世界里生存、繁荣，必然遵循这一规律。

就社交 App 来说，排除 IM 类产品本身具有去中心化的特征，从博客到微博，从微博到微信，其实都遵循了这一规律。社交 App 的用户，逐渐从大 V 的世界里抽离，建立了以自己为中心的社交网络。

就信息流 App 来说，这个趋势同样明显，且来得异常陡峭。最初的门户网站更多是变换内容形式，从文字、图文，到音频、视频……连接方式并没有明显变化。但 2012 年微信上线朋友圈和公众号，2013 年，今日头条上线头条号，突然间将第三方的内容创业推上了风口。各大巨头纷纷跟进，百度有百家号，腾讯有企鹅号，京东在 App 的中间位置增加了京东快报，甚至其他工具类 App，如墨迹天气、暴风影音，也纷纷增加了由第三方提供内容的信息流功能。于是，各类内容生产者迅速崛起，UGC（用户生成内容）、PGC（免费的专业人士生成内容）、OGC（收费的专业人士生成内容）走向成熟。从此，内容的生产和发布权不再掌握在传统媒体或机构手中，而是真真正正实现了去中心化。

当然，在这一过程中，去中心化加上内容的爆炸，用户可选择的信息呈几何级数爆炸，大量信息反而形成了干扰，这又成为各大平台需要解决的问题。

其实，腾讯和字节跳动已经为未来的连接方式给出了答案，无论是人与人的连接，还是人与信息的连接，未来都只会有两种方式：一是"社交信任"，选择连接是因为相信自己的社交关系，相信自己认识的那个人；二是"AI 信任"，将自己的选择权交给一个值得信任的平台，当然，这种信任是对于平台的能力和价值观的同时信任。

腾讯选择"社交信任"来完成连接。其通过强化微信打造的强关系，坚决捍卫朋友圈作为信息流的第一界面。其实，微信已经成为社会连接的底层工具，这地位牢不可破，大多数人依然会通过社交路径找到自己需要的信息。

字节跳动选择"AI 信任"来完成连接。其走向了平台模式，一端吸引用户，一端抓取取之不尽的内容，并通过算法进行精准匹配。不仅如此，这类算法还会随着用户的使用而进行自我学习，越来越精准。

当然，"社交信任"和"AI信任"之间并不是泾渭分明，而是相互渗透的。由于好友数量的增加，微信用算法来筛选信息并进行朋友圈的呈现。当然，张小龙始终强调"我们只会去改善阅读效率，而不是胡乱变成不受掌控的信息"。而张一鸣也承认，今日头条会"通过社交关系来创造信息的偶然性"，即将用户好友喜欢的信息推送给用户，以此来解决个性化推送让信息获取面变窄的问题。

内容形式进化

第二个驱动因素是内容形式进化，"内容的轻量化"和"即时的交互感"并重。

在移动互联网的世界里，每类产品都在挤占用户的碎片化时间，它们面对的是一群漫不经心的人，第一时间抓住用户成为关键。如今，"内容的轻量化"已经是不争的事实，而这种轻量化还会随着技术的变化衍生出新的模式，造就新的"流量风口"。

这样的背景下，社交平台或信息流平台竭尽所能地激励轻快内容。微博曾经是轻量化阅读的代表，而微信之所以能够脱颖而出，除了熟人社交的逻辑外，更因为其对于轻快内容形式的偏执。微信在一开始不允许仅仅发送纯文字的朋友圈，就算后来开放了这种内容形式，也将其在操作上做得很深（用户不易触达）。而随后，这种轻量化又被迅速崛起的短视频替代了。在这一过程中，音频内容也造就了风口，诞生了喜马拉雅、得到等内容平台。

短视频风口的到来让人猝不及防。根据艾媒北极星披露的数据，近年来，短视频用户规模的增长率一直保持在50%左右，2018年更是冲上风口，达到5.01亿人，增长率高达107%（见图8-4）。

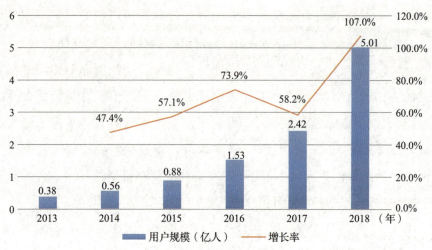

图 8-4　2013～2018 年中国短视频用户规模
资料来源：艾媒北极星。

除了内容轻快之外，当下的内容形式还特别强调"即时的交互感"。其实，信息单向发布和双向交流对于用户形成的体验感是完全不同的。正因为这个原因，直播的形式越来越流行，2016年，千播大战几乎在一夜之间爆发。

流量黑洞形成

走到当下，信息流平台和社交平台之间的界限已经很模糊了。

从一个角度看，信息流平台上的信息被评论、跟帖，本质上就是一种内容社交。如果信息流平台上越来越多的人具备信息发布权，那么，信息流平台和社交平台有什么区别呢？从另一个角度看，当社交平台上的信息随着社交的开展越来越多、越来越重，本身就形成了一种信息流，那么，社交平台不就成了一种信息流平台？

按照传统的观点，信息流平台以"信息"为中心，主张高效提供有价值的信息；而社交平台以"人"为中心，主张促进人际社交。但谁又能说得清，现在的抖音究竟是以"人"为中心，还是以"信息"为中心？可以预见的是，这种界限还会越来越模糊。

不仅如此，未来的流量黑洞可能还会附加其他功能。阿里、京东两个电商巨头已经开始布局内容生态，将商品内容化作为一个主要的战略，而基于内容再植入社交也成为自然路径。可以说，它们几乎在原有的电商平台上，长出了自己的小红书、今日头条、抖音……再进一步，它们还尝试在电商平台上引入游戏功能，通过易上手的小游戏实现拉新、留存、激活、成交，淘宝的"旅行青蛙"和京东的"衣范儿"都是典型案例。就连抖音和快手这样的坐拥庞大流量的社交和信息流平台，也上线了小游戏，而电商模块的功能更是早已落地。

到了这个时候，原来单一的App已经开始转变成为"电商+信息流+社交+游戏"的超级综合体。假如这个设想能够顺利实现，这种流量黑洞的威力又该多大？

流量去哪里

如果仅仅观察社交和信息流两类平台的异动，就推导两者已经融合成流量黑洞，未免不够严谨。我们不妨将视角放大到移动互联网世界，将口径缩小到单个App，看看流量具体的流动轨迹。

我们将2018年1月～2019年5月进入过TOP20月活跃用户排名的App进行排名，共计24款App参与。具体方法是，将头部App的每月排名记为得分，如第3名就是3分，再将每个App的得分加总并除以周期数（17个月），最后的结果由小到大排序就得出了最终的TOP20排名（见图8-5）。从这个数据看，除了微信、QQ等依然强势外，今日头条、抖音、快手等信息流和社交的综合平台并未占得优势。

再对反映排名月活变化的标准差进行统计，来反映变化幅度的大小（见图8-6）。我们发现，上升最快的是字节跳动的王牌产品——抖音，已经从2018年的60名上升到20～22名。但亦喜亦忧，另一个王牌产品——今日头条却下降严重，2018年5月开始下滑，6月以后，排名就掉出20名以外，长期处于23或24名。需要指出的是，今日头条的日活下降需要考虑两个外部因素：一是随着知名度上升，其内容版权问题日益暴露，遭遇诸多内容版权方起诉要求支付版权费；二是2018年4月国家广电总局、国家网信办约谈字节跳动，随后，旗下的今日头条、抖音、西瓜视频进行全面整改，内涵段子App更是遭到永久下架。这两个因素都导致了内容受限，月活自然迅速跌落。

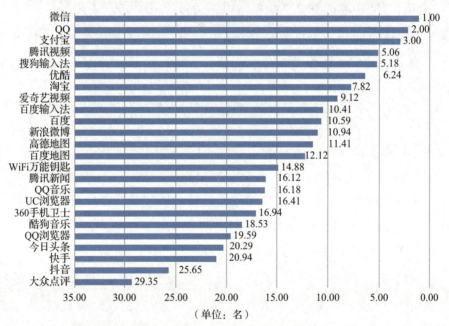

图8-5　2018年1月～2019年5月TOP20 App排名均值
资料来源：网经社，穆胜企业管理咨询事务所。

问题来了，腾讯一直凭借微信和QQ稳居冠亚军，其江湖地位也可以说是在社交领域形成的先动优势，而作为新晋明星的字节跳动，其整体月活数据在头部App中并不亮眼（尽管有外部不可控因素的作用）。但如果它们的表现并不突出，我们如何佐证信息流和社交融合的平台将形成流量黑洞的观点呢？

第八章 消费互联网世界的流量黑洞 101

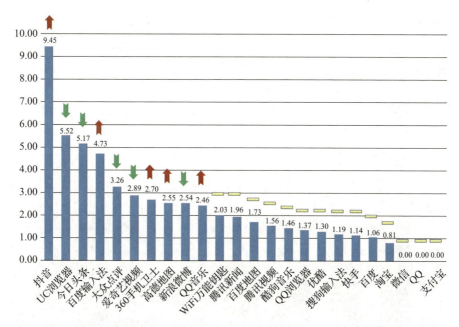

图 8-6 2018 年 1 月～2019 年 5 月 TOP20 App 排名标准差
资料来源：网经社，穆胜企业管理咨询事务所。

前面我们说过，流量黑洞的特点在于，其嵌入了社交网络，并推送了精准信息，形成了高黏性，大量挤占了用户时间。所以，不妨切换到"占用时长"的维度来分析流量动态。

从各类 App 占用时长的分布来看（见图 8-7），社交平台虽然使用时长占比在下降（但占用时长在增加），但是仍然是占用时长最多的行业，其余占用时长最多的是信息流 App，包括移动视频、新闻资讯、移动音乐、数字阅读几类，且呈明显的上升趋势。游戏和电商占据了一定份额，但信息流平台和社交平台对于占用用户时间上的优势已经越来越强。

从占用时长的增量上看（见图 8-8），信息流和社交平台也分走了绝大部分的增量。一方面，说明信息流平台通过视频等轻量化形式占据了越来越多的时长，这体现在短视频、综合资讯、在线视频的增量占比较大上。其中，短视频和综合资讯两个细分行业的时长增长贡献了整体时长增量的一半。尤其是短视频，居然占到了增量的 36.6%，已经不能简单用"增长迅猛"来形容了。另一方面，也说明社交平台让用户实现了更加深度的嵌入，这体现在即时通信和微博社交的增量占比较大上。事实上，社交平台还有如此大的增长空间，可能也是部分观察者没有想到的。

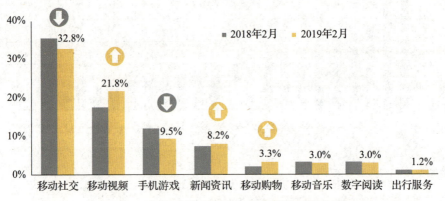

图 8-7　移动互联网典型行业总使用时长占比

资料来源：QuestMobile.

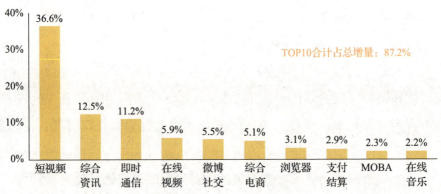

图 8-8　2019 年 3 月用户总使用时长同比增量占比 TOP10 细分行业

资料来源：QuestMobile.

其实，这种统计是没有严格区分信息流和社交两类平台的，抖音、快手这类 App 显然被分入了短视频（信息流平台）。但如果考虑信息流平台和社交平台本身水乳交融的趋势，流量黑洞的存在无须辩驳。后续的文章也会谈到，就连阿里和京东这样的电商巨头也开始布局"内容电商"，对于流量的焦虑呼之欲出。

从 BATT（BAT+今日头条）的份额分布来看（见图 8-9），字节跳动系（也称"今日头条系"）这头兼具信息流平台和社交平台属性的"怪兽"在占用时长上增长非常迅猛，从 2018 年 3 月到 2019 年 3 月，增长了 3.1%，而领头羊腾讯系则下挫 3.7%。另外，阿里、百度和其他的变化不大，没有显著意义。一去一来，似乎是今日头条系分走了腾讯系的份额。

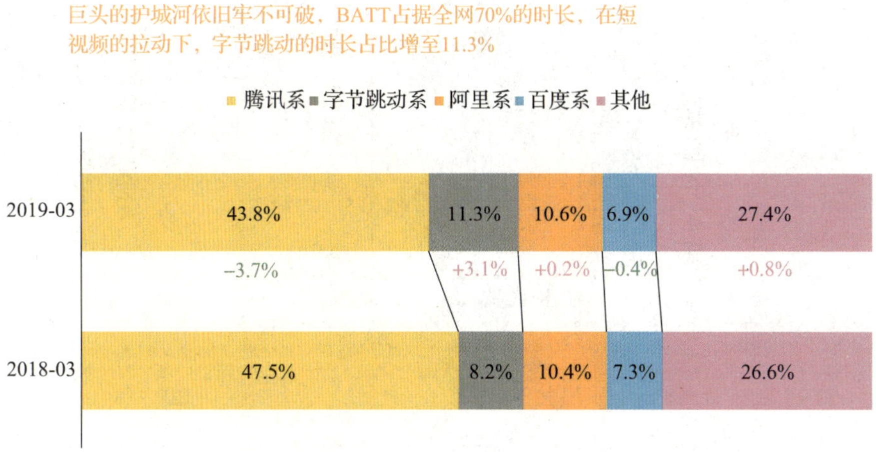

巨头的护城河依旧牢不可破，BATT占据全网70%的时长，在短视频的拉动下，字节跳动的时长占比增至11.3%

■腾讯系 ■字节跳动系 ■阿里系 ■百度系 ■其他

	腾讯系	字节跳动系	阿里系	百度系	其他
2019-03	43.8%	11.3%	10.6%	6.9%	27.4%
	−3.7%	+3.1%	+0.2%	−0.4%	+0.8%
2018-03	47.5%	8.2%	10.4%	7.3%	26.6%

图 8-9　2018～2019 年移动互联网巨头系 App 使用时长占比
资料来源：QuestMobile.
注：巨头系 App 取各巨头旗下 MAU ≥ 100 万的头部 App。

其实，如果我们将 BATT 的月活和日均占用时长两个数据放到一起，就不难发现几个巨头之间的差异（见图 8-10）。在月活上并不突出的字节跳动系在占用时长上优势相当明显，在局部的 App 上甚至超过了腾讯系。可以说，他们的用户都是形成了深度黏性的用户。而这种黏性的基础显然就是"个性化算法"的连接方式和"视频化＋即时交互"的内容形式。

104 创造高估值 | HIGH VALUATION

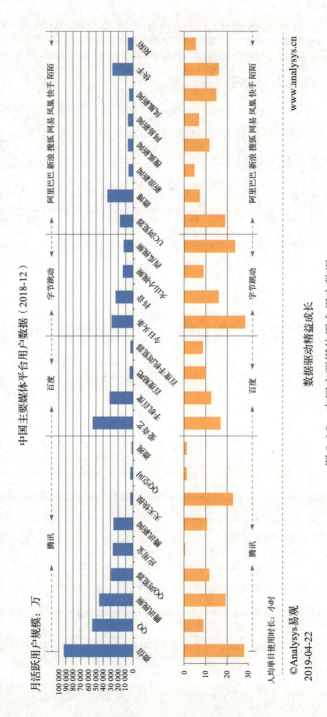

图 8-10 中国主要媒体平台用户数据

资料来源：易观，《2019中国信息流广告市场专题分析》。

《经济学人》在其 2017 年刊发的一篇文章中写道："头条的 1.2 亿用户平均每天使用头条 App 达 74 分钟——超过了包括 Facebook 和微信在内（微信当时的用户平均使用时间为 66 分钟）的大多数国内外大型社交平台。"2018 年 4 月之前，今日头条在这个数据上的表现让人惊讶。而根据 QuestMobile 披露的数据，2019 年 5 月抖音和快手的日均占用用户时长已经达到了 67 分钟和 55 分钟。相对快手依然采用了主屏上的多信息呈现和用户选择，抖音的主屏完全使用 AI 推荐，更有信息流的特质，后来居上也在情理之中。⊖ 最初，字节跳动系并不具备太强的起步优势，甚至一度被某些对手忽略，而现在，他们依靠这套模式，成为与腾讯、百度并立的三大信息流平台之一。

进一步深挖，如果将月活数据变成日活数据，流量黑洞的优势可能就浮出水面了。用户每月登录 1 次的 App，和用户每月登录 30 次的 App，黏性显然不同，流量价值肯定也不同。事实上，月活的口径太过粗放，可能忽略了流量黑洞实际的黏性。

2018 年 12 月 21 日，微信在时隔 4 年后进行了一次改版。主要的改动一是用"看一看"重塑了信息流的呈现方式，二是加入了"即刻视频"，重塑了短视频发布的功能。显然，这是微信对于流量被分流后的一种直接回应。当然，从当前的反馈来看，这种动作依然无法反制新兴信息流和社交平台的势头。

流量的商业前途

如果仅仅从占用时长的角度佐证流量黑洞，可能还稍显单薄。不妨从这些流量换算的商业价值去考虑，最有价值的流量一定是最能够变现的。流量变现的主要方式是广告，客观来说，广告费用总是会往最有价

⊖ 当然，在内容生态打造上抖音和快手的策略不同也是形成当前差距的重要原因，另文将详细呈现。

值的流量上走。

为了剔除广告费总盘变化带来的影响，我们仅仅观察各类广告的占比变化（见图8-11）。可以发现，除了新兴的信息流广告在大幅放量，搜索广告、品牌图形广告、视频贴片广告等形式都在缩量。尤其是，一直强势的搜索广告缩量的速度让人惊讶，难怪百度要全力豪赌（all in）信息流。⊖请注意，这里的"信息流广告"主要包括社交、新闻资讯、视频网站中的信息流效果广告，恰恰就是我们关注流量黑洞的广告。后续我们也以此来代称这类广告，而不将信息流广告与社交广告拆分开。

图8-11　2014～2021年中国不同形式网络广告市场份额及预测⊜

资料来源：艾瑞咨询，《中国信息流潜力市场展望报告》。

⊖ 这是百度内部的一个非官方说法。准确地说，当前的百度有两大赛道：其一是基于"搜索+信息流"的广告业务，该赛道为百度当下估值提供确定性支撑；其二是人工智能业务，包括了DuerOS所在的家庭大场景与Apollo所在的自动驾驶场景，该赛道代表了百度未来的想象力边界。

⊜ 搜索广告包括搜索关键字广告及联盟广告；电商广告包括垂直搜索类广告以及展示类广告，例如淘宝、去哪儿及导购类网站；分类广告从2014年开始核算，仅包括58同城、赶集网等分类网站的广告营收，不包含搜房等垂直网站的分类广告营收；信息流广告主要包括社交、新闻资讯、视频网站中的信息流效果广告；其他形式广告包括导航广告、电子邮件广告等。

单看信息流广告的规模变化,其增速也一直处于50%以上的高位(后续由于基数增大,增速会放缓,见图8-12)。让人好奇的是,究竟是谁在信息流广告的领域独占鳌头?又是谁分走了信息流广告的巨大增量呢?

图8-12　2014～2021年中国网络广告市场信息流广告规模及增长率
资料来源:艾瑞咨询,《中国信息流潜力市场展望报告》。

从整体广告营收规模看,2018年增长幅度最大的当属今日头条(见图8-13),而其增长速度也名列第二位(见图8-14),仅仅低于基数较小且迅速崛起的趣头条。值得注意的是,后者也同样是信息流平台。一个合理的推测是,如果广告营收的增量大量放给了信息流平台,那么,信息流平台中字节跳动系是当仁不让的大赢家。

从广告份额来看,阿里巴巴、百度、腾讯、今日头条四家占16家公司整个广告规模的份额约85%,其余的公司都不在一个量级上。所以,不妨聚焦这四个头部平台,再分析其各类广告收入的走势(见图8-15)。

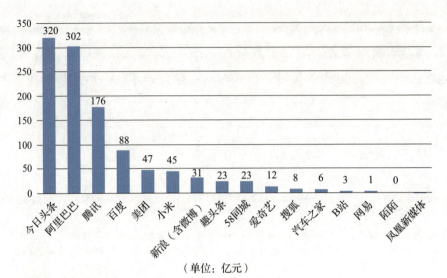

图 8-13　2018年广告营收同比增幅

资料来源：互联网资讯数据中心。

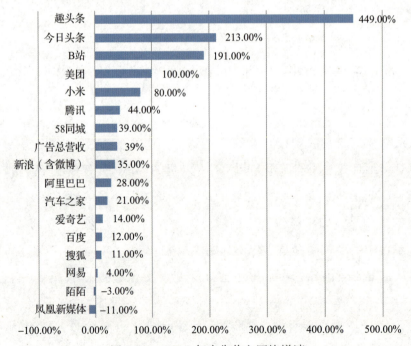

图 8-14　2018年广告收入同比增速

资料来源：互联网资讯数据中心。

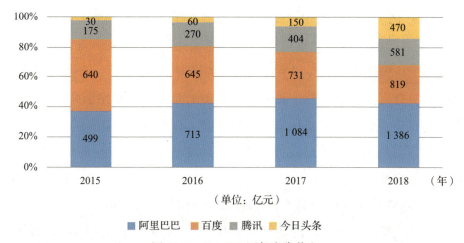

图 8-15 BATT 历年广告收入
资料来源：互联网资讯数据中心，穆胜企业管理咨询事务所。

整体来看，阿里巴巴一枝独秀，但这类电商广告（直通车等）并不是我们考察的流量黑洞的范畴。或者说，电商广告更多是对精准流量的精准收割，自然广告主更多，单价更高，这个数据出色并不能体现出其聚集流量的效果。另一个原因是，阿里更倾向于通过广告来收费，而非通过撮合抽佣来收费。这个很好理解，因为前者在与商户的合作关系中是优先的，而后者是与商户共同劣后的。2019 年，其广告收入，即客户管理服务⊖（customer management service）收入占比达到 43.9%，而其佣金（commission）收入占比仅为 21.5%。

除去阿里，2018 年广告收入增量最大的依次是字节跳动、腾讯、百度。但字节跳动和腾讯的广告收入主要是信息流广告收入，百度的广告收入则主要是搜索广告收入，其信息流广告的收入增量显然在对比中更处于劣势。主力业务的不同造成了不同的发展势头，以搜索广告为主的百度近年来在广告收入上的表现相对沉寂，地盘逐渐被蚕食，连累估值

⊖ 包括效果付费广告（pay-for-performance, P4P）、展示广告（display marketing）和淘宝客计划。

跌破400亿美元，仅为BAT另外两家巨头的十分之一左右。如同前辈Google对于信息流业务反应迟缓，将地盘让给了Facebook、Twitter等对手，中国的搜索巨头似乎犯了同样的错误。

如果把百度排除在外，我们还想知道的是，腾讯和字节跳动之间谁的流量价值更大。这种对比背后的意义是，以社交为基因切入信息流的腾讯和以信息流为基因切入社交的字节跳动之间，谁会是未来的流量王者（更大的流量黑洞）？

我们搜集了腾讯和字节跳动核心App的日活和广告收入表现，用每日广告收入除以日活，得出"每活跃用户日广告贡献"（见表8-1）。结果显示，今日头条作为后起之秀在该项数据上有明显优势，每个活跃用户每天贡献了0.48元，而腾讯的微信和QQ的每个活跃用户每天仅贡献了0.08元。

表 8-1 巨头系每活跃用户日广告贡献

项目	腾讯	字节跳动	百度
核心App	微信和QQ	今日头条	百度
2018年广告收入（亿元）	397.73	290[1]	819.12
2018年DAU（亿）	14	1.65	1.61
2018年广告收入/365（亿元）	1.09	0.79	2.24
每活跃用户日广告贡献（元）	0.08	0.48	1.39

[1]由于字节跳动为非上市公司，该数据为根据公开资料的预估数据。
资料来源：穆胜企业管理咨询事务所整理。

我们也放入了百度的该项数据作为对比。可以发现，百度在该项数据上表现优异。和电商广告一样，搜索广告都是面对精准人群（如医疗领域的竞价排名广告），其并不依赖占用时长，一定的日活就可以产生巨大的广告收入。相比起来，信息流和社交则是通过让用户持续在线，来实现润物细无声的收割，自然，在该项数据上不会过于突出。但需要指出的是，这不一定是好事。事实上，正是因为这块蛋糕太过诱人，才导致了百度迟迟没有转向信息流业务。

当然，这里并不代表字节跳动的路径就一定会胜过腾讯，只能说明字节跳动这种信息流路径产生的流量黑洞天然更加"功利"。需要考虑的是，腾讯的总体收入中，广告收入仅占 18.58%（2018 财年）。过往，他们并没有急切收割流量的动机，因为这种收割必然会破坏社交体验。但值得注意的是，腾讯已经开始了朋友圈第三条广告的测试，很难说这不是由于收入的压力。当腾讯发力收割，胜负犹未可知。

在流量黑洞的竞争中，"头腾大战"依然看点满满。

第九章

电商的新风口与大趋势

上一章谈到，互联网世界的流量被重新洗牌后，进入了混合社交与信息流功能的"流量黑洞"。不仅如此，这类流量黑洞还在加载电商、游戏等功能，"超级 App"呼之欲出。

其实，尽管流量是互联网生意的基础，但真正的商业变现还是通过电商（含服务类）来实现的。我们观察到的趋势是：一方面，越来越多的电商已经意识到流量黑洞的可怕，开始加载社交和信息流功能；另一方面，越来越多拥有庞大流量的平台不满足于通过广告来变现，纷纷加载了电商模块。两种基因的杂糅产生了电商的新风口与大趋势。

百花齐放到万剑归宗

2014 年左右，当时的微信异军突起，微博依然正在风口；与此同时，一些大电商平台也势头正猛，如火如荼。尽管处于不同赛道，但消费互联网争夺流量的逻辑依然让舆论将两个赛道放到一起对比。其中有个最致命的逻辑就是，社交平台的用户占用时长是强于电商平台的。

就这点，我向一位头部电商平台（TOP3）的高管询问，这是否是一个电商商业模式的"隐患"。对方坚持认为,电商流量尽管占用时长较短,但却可以精准变现,而社交流量显然不具备这种属性,并无太大威胁。

但随后的几年,基于社交平台的用户社群在流量优势上异军突起,加之对于信息流平台的兼容,成为"流量黑洞"。其实,电商们对于社交流量的恐惧历来有之。2014 年,阿里推出"来往",应对微信的威胁。甚至,一度有传言称,阿里内部强制要求安装"来往"。后续,阿里又接连入股了陌陌、微博,上线了钉钉,其实都是对社交流量的忌惮或觊觎。

如前一篇文章提到的,超级 App 兼容了社交、信息流、电商,甚至游戏,已经吸入了太多的流量。这样的背景下,巨头们胜负未分,但小的功能终端开始失势,其流量数据和估值都开始止步不前。

不妨看几个打开率较高的小功能 App 的例子。

第一个是美图秀秀。美图公司凭借这款颇受欢迎的功能终端,俘获了数亿级的活跃用户,并于 2016 年 12 月在港交所上市,2017 年 3 月美图一度创下了近千亿港币的市值。但在上市后,美图的月活用户数出现连续下滑,2019 年 7 月的该项数据相比 2016 年已经下降了 42%。随着这个数据下降的是市值,2019 年 7 月,美图的市值已跌至 104 亿港币,相比高峰时的 963 亿港币下跌 89%。具体如表 9-1 和图 9-1 所示。

表 9-1 美图秀秀主要财务及流量数据

项目	2016-12-15	2017-03-20	2017-12-31	2018-12-31	2019-07-03
月活数据	4.5 亿人	4.43 亿人	4.2 亿人	3.32 亿人	2.62 亿人(估算)
营收	17.65 亿港币	13.54 亿港币(估算)	54.16 亿港币	31.86 亿港币	未披露
净利	-7.29 亿港币	-0.4 亿港币(估算)	-1.60 亿港币	-12.01 亿港币	未披露
股价	8.5 港币	23.05 港币	10.88 港币	2.19 港币	2.53 港币
市值	349 亿港币	963 亿港币	447 亿港币	90 亿港币	104 亿港币

资料来源:穆胜企业管理咨询事务所根据腾讯财经数据整理。

图 9-1　美图秀秀月活 & 市值走势图

资料来源：穆胜企业管理咨询事务所根据腾讯财经数据整理。

随后，美图的战略调整值得玩味：一方面，2018 年 8 月，美图公司宣布了全新的"美和社交"战略，号称要将美图秀秀应用转型为社交媒体平台；另一方面，同年 11 月 19 日，美图公司将硬件业务（美图手机）授权小米，将美妆业务划转至寺库投资的美妆电商 TryTry 进行运营，这两块业务都从美图的集团体系中剥离。拥抱社交的同时，美图对于视频的内容形式也异常重视。美图公司 CEO 吴欣鸿甚至表示，"视频化将会成为公司最重要的一个业务，公司会继续加强投入。"

第二个是墨迹天气。 这款 App 的日活用户数也达到了几千万量级，但盈利性一直不佳。墨迹天气 2016 年 12 月首次递交招股说明书，2018 年 1 月报送更新材料，至今未通过审核。其在招股说明书中披露的 2016 年和 2017 年净利仅为千万规模，而 2018 年更是选择了不公开利润……另外，其融资活动也在 2016 年戛然而止。墨迹天气主要财务及流量数据如表 9-2 所示。

表 9-2　墨迹天气主要财务及流量数据

项目	2015 年	2016 年	2017 年	2018 年
日活数据	0.19 亿人	0.24 亿人	0.35 亿人	0.5 亿人
占用时长	1 分 56 秒	2 分 17 秒	2 分 26 秒	2 分 32 秒
营业收入	1.3 亿元	2.1 亿元	3.1 亿元	企业选择不公示

（续）

项目	2015年	2016年	2017年	2018年
净利润	0.25亿元	0.21亿元	0.63亿元	企业选择不公示
净利率	19%	10%	20%	企业选择不公示

资料来源：穆胜企业管理咨询事务所根据墨迹天气招股说明书整理。

其实，墨迹天气营收的95%以上都来自广告，而广告收入又很大程度取决于用户占用时长。而作为一款即用即走的功能终端，他们几乎已经把占用用户时长做到了极致，截至2017年9月，其单个用户日均使用时长仅仅停留在2分36秒，这显然还远远不够。此外，墨迹天气还要面对激烈的市场竞争，不仅有新浪天气通、中国天气通等同类产品，还有互联网巨头及硬件厂商在操作系统中预装或内置的天气服务，如苹果iOS系统的内置天气应用、华为天气、MIUI天气等。

为了突破这种尴尬，墨迹天气选择了两条突破路径：一是进入硬件领域。2014年，墨迹天气踏入智能硬件领域，销售监测空气质量的智能家居设备"空气果"，但其硬件销售的毛利率却常常为负值，在营收中所占比例逐年下降。二是走向社交和信息流，但相对美图和Keep这样的"荷尔蒙社交"，"天气社交"的命题又真能成立吗？

与上述两款App不同，大姨妈和美柚的转型之路似乎更为顺利。 这两款女性健康App同样颇受欢迎，但尽管其宣称从2017年上半年就实现了全面盈利，但其估值并没有水涨船高。从美柚公司月活数据走势图（见图9-2）来看，2018年美柚App月活跃用户似乎呈下降趋势。

有意思的是，这些小功能终端的融资大多都在2016年前后戛然而止，而在2016年之后的融资事件中，大多数也并未披露融资金额。这类曾经的"流量优等生"，无一不是充满了商业化的焦虑，这类商业模式似乎也开始受到资本的质疑。

图 9-2　美柚公司月活走势图
资料来源：穆胜企业管理咨询事务所。

未来，在消费互联网领域的商业模式似乎开始万剑归宗。一是要有社交平台或信息流平台的流量支撑，以便提供源源不绝的低成本流量，而不能仅仅是小功能终端；二是要有明确的商业变现路径，要打造强大的供应链管理能力，即自己或第三方能够利用流量来变现。表面看来，前者可能更为重要，单纯的流量出售的模式就可以自给自足了，但就其本源，如果没有后者的支持，就坐实了流量贩子的定位（俗称卖端口、卖流量），盖上了商业空间的天花板。

社交电商是出路？

社交平台极易集聚流量，而基于社交形成的信任背书，也会极大程度促进出货，因此，社交电商一直被给予厚望。至今为止，微博、微信、抖音等社交平台都掀起了一些电商红利。当然，即使抖音等小视频社交越来越火，当前发展社交电商的第一阵地依然是拥有庞大流量和完善生态的微信。

近年来，一方面，以天猫、京东等为代表的传统主流电商平台用户增速已持续放缓至 20% 甚至更低的水平；另一方面，社交电商的行业规模快速增长，2018年中国社交电商行业规模达6268.5亿元，同比增长255.8%。随着2019年5月3日中国社交电商第一股云集上市，云集、贝店、蜜芽、拼多多这些社交电商头部玩家越来越成为资本与舆论的宠儿，也引发了对于这种商业模式的思考。

传统电商＆社交电商交易规模及增速对比如图9-3所示。

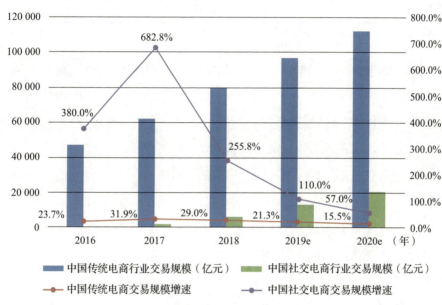

图9-3 传统电商＆社交电商交易规模及增速对比
资料来源：穆胜企业管理咨询事务所根据艾瑞咨询数据整理。

社交电商的三种模式

社交电商的逻辑很简单：一边是在社交平台上获取低价流量；另一边是通过拼单直采，去除中间环节，向供应链获取低价商品。总之，中间的流通成本通过社交网络被社交分销链条和消费者分享了，而这种分享也成了在社交网络上获取流量的"核动力"。

目前来看，社交电商主要有三种模式，如表9-3所示。

表 9-3 社交电商的三种模式

模式	裂变动力	模式风险	模式代表
拼购模式	消费者对于低价的追求	价低质劣且无会员体系，导致用户无留存	拼多多、淘集集
会员裂变模式	会员对于获利（发展下线）和低价（自购部分）的追求	小 b 有限，但受法律规制，裂变束手束脚	云集、贝店、粉象生活
社区团购模式（本地网络）	低价和便捷性的追求	平台的区域化管理能力和团长的本地化履约能力	食享会、十荟团

资料来源：穆胜企业管理咨询事务所。

先说拼购模式。这种模式还是跳不出"流量电商"的逻辑。流量电商的本质是产品没有差异化，主要依靠倒卖流量获利。这和很多零售企业没有零售技术，成为倒卖商业地段的二道贩子是一个意思。随着流量成本上升，成本价格倒挂是必然的。如果要跳出价低质劣的陷阱，通过品牌化商品来获取溢价，那么必然面临品牌商的强势，也就没有足够的中间价差拿去做拼购分享了。

再说会员裂变模式。这种模式往往与"传销"联系在一起。但从传销模式的"三要件一本质"⊖来看，尽管这种裂变的形式确有些传销的影子，但从本质上看，其并不是在赚下家的钱，而是在赚销售商品的钱。这种模式最大的风险在于，为了规避法律风险，不得不缩减分销层级，避免被界定为"拉人头"。但如此一来，裂变的力度就有了很大问题。随着这条赛道涌入了越来越多的竞争者，对于小 b（小店主）的争夺日趋白热化，不少企业都是在法律的边缘上试探，进入"灰色地带"必然带来裂变效果，但也一定会产生巨大的法律风险。

最后说社区团购模式。这种模式是通过社区 KOL（小区团长）来实现 LBS（位置服务）的业务形态。基于地域获取流量相对容易，团长又能够实现便捷、低成本的本地配送，这种模式从逻辑上是非常成立的，

⊖ "三要件"即入会费、拉人头、团队计酬；一本质即赚下家的钱，还是赚销售商品的钱。

尤其擅长落地生鲜等品类。但问题是，没有经过专业化培养的团长往往导致服务标准参差不齐，营销、交易、配送、售后等环节上，都存在一定的风险。从本质上看，这是平台区域化管理能力的问题。快速成长起来的平台尚未沉淀出强大的"知识体系"和"展店能力"，就在自身和资本的推动下疯长，结果可想而知。

这些模式之所以能成立，还是依赖社交网络中的流量红利，而随着玩家的涌入，这种红利很快会消失。未来，社交电商的竞争始终会过渡到供给侧的竞争，比拼的还是效率、价格、体验。也就是说，如果没有产品端和供应链的优势，没有向分销链条让利的空间，几种模式都会失去"核动力"。当前，不少企业在供给侧的操作方式还是使用劣质品（如山寨产品），但这又会进一步降低用户忠诚度，还会招致经营风险。

拷问社交电商的逻辑

供应链管理是个大话题，我们先按下不表，说说社交网络里的流量红利为何不可持续。

以成长最快的拼多多为例。我们发现，这种裂变模式里的用户和平台有交易并无黏性，后期获客依然需要做新的投放。根据我们的统计口径，[1]相对阿里、京东，拼多多的真实获客成本飞速上涨，且有巨大的加速趋势。2018 财年，拼多多的该项数据涨幅为 75.83%，而阿里和京东分别为 2.46% 和 35.77%，相较之下，作为初创企业，尚且不算夸张。而到了 2019 财年，拼多多的该项数据暴涨了 833.99%（见图 9-4），而

---

[1] 一般的口径中，获客成本 = 营销费用 /（本年度活跃用户数 - 上年度活跃用户数），但我们认为，营销费用的支出应该也有维系老用户的作用。因此，我们按照业界默认的"获客成本 = 5 倍维系成本"规律，对营销费用进行了分拆，得出了"真实获客成本"的口径。

阿里仅仅上涨了29.53%，京东上涨103.47%。就算考虑初期拓展市场需要导流，把这个口径放松到单客成本（老用户可以分摊掉一部分成本），其2019财年的增长也达到了485%。如果说真的是基于流量黑洞的社交电商，怎么会为流量花费如此巨大？要知道，拼多多还有腾讯的庇护，他们就是巨大的流量温室里长出来的物种。

图9-4　拼多多真实获客成本与单客成本对比

资料来源：穆胜企业管理咨询事务所根据拼多多财报整理。

持续的亏损[一]加上上述窘境，导致拼多多的股价受到波及。瑞士信贷（Credit Suisse）和摩根大通（J.P. Morgan）更是大幅降低了对于拼多多的评级。[二]表面上，股价是对于盈利状况的反馈，实际上，却体现了资本市场对于这类所谓"社交电商"的态度开始由最初的乐观走向存疑。其实，这也是对"纯社交电商逻辑"是否成立的一个质疑。

[一] 2019财年经营亏损上升到108亿元，2017财年至2019财年一直处于亏损状态，且经营亏损呈倍数增加。

[二] 2019年7月15日，瑞士信贷（Credit Suisse）发布研究报告，将拼多多股票评级从"跑赢大盘"（outperform）降级至"中性"（neutral），并将目标价调低21.4%。2019年7月10日，摩根大通（J.P. Morgan）罕见大幅调低拼多多股价评级至"减仓"，目标价17美元，较当前均价仍有15.5%的跌幅空间。

拼多多股价走势如图 9-5 所示。

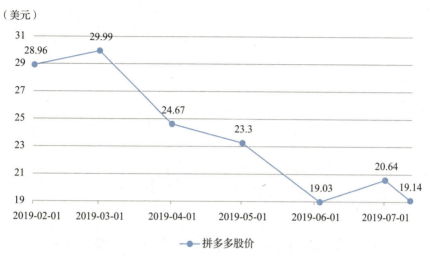

图 9-5　拼多多股价走势

资料来源：穆胜企业管理咨询事务所根据腾讯财经数据整理。

事实上，拼购模式也有若干信徒，不仅是拼多多、淘集集这类拼购起家的企业，各大电商也已经把拼购模式视为标配。阿里体系里，支付宝已与淘宝合作推出了限时拼团服务；京东推出了京东拼购；⊖甚至市占率远远落后的苏宁也推出了苏宁拼购服务……但从某种意义上说，如果仅仅基于社交网络用裂变模式来获取流量，这更像是一种"流量电商"的变种。我们不能否认"价格杀器"在中国的巨大市场，更不能否认下沉市场里的广大用户是这种商业模式的收割空间，但却不得不怀疑这种模式的持续性。

其实，拼多多之类的模式能够牛多久，还是要看三点：一是下沉市场有多大的空间；二是流量成本上涨的速度有多快（取决于其他竞争者的进入速度）；三是中国还有多少小厂的过剩产能可以提供廉价品。所

⊖　据了解，其实早在三年前京东拼购就已经上市，不过由于种种原因该项业务并没取得什么进展，直到拼多多快速发展起来，京东才在 2019 年年初加大力度推动京东拼购的发展。

以,这种模式有点像一只正在燃烧的蜡烛,看似又长又粗,但按照这个路数,红利总有燃尽的时候。

除了拼购模式,会员裂变模式和社区团购模式难道就能跳出上面三点规律?尽管有会员体系甚至地理区隔作为护城河,难道这些会员就不需要投入营销费用去激活?这就是我们质疑"纯社交电商逻辑"的原因。

拼多多意识到了这个问题,开始向内容电商进军。2019年年初,拼多多App上线了每日好店和买家推荐模块,试水内容电商。2019年5月,拼多多与快手传出合作的消息,拼多多商家将可接入快手主播资源做商品直播推广。据称,双方已完成后台系统打通。

内容社交电商是趋势

按照上述分析,单纯依靠社交网络来做电商肯定是个伪命题,强化供给侧优势才是正途。但一个没有解决的问题是,即使我们强化了供给侧优势,获取了低价高质的产品和服务,面对汹涌上涨的流量成本,又该何去何从?

内容电商可能是答案。

内容电商崛起

一个明显的趋势是,电商越来越倾向于通过小视频、直播等形式的内容来带货,而各个社交或信息流平台上各种内容的带货能力也越来越强。精彩的商品内容让用户被吸引,经历"种草—拔草"的过程,这已经是一种营销手段的常规操作。这衍生了一个新物种——内容电商。2016年也被称为内容电商元年。

事实上,内容带货的优势已经被业内普遍认可。淘宝CEO蒋凡认为,商品就是内容。因此,他判断未来淘宝上可能90%的内容都是视频

（包括直播）的方式来承载，而现在这个比例仍不够大。

这种判断看似激进，实则点出了趋势。以现在最火的小视频为例，我们可以发现阿里的淘宝和京东都进行了相应布局，并取得了惊艳的成绩。商家已经接受了将商品转化为短视频的玩法，并且将大量的商品短视频化，而且带来了实实在在的流量留存效果和购买转化效果。

淘宝与京东上线短视频的效果对比如表9-4所示。

表9-4　淘宝与京东上线短视频的效果对比

项目	淘宝（截至2018年9月）	京东（2018年全年）
商家短视频使用范围	• 40万商家使用	• 80%的活跃商户
商品短视频化范围	• 42%的商品短视频化	
流量留存效果	• 日播放量超过19亿次 • 买家停留上升10% • 向下浏览下降20%	• 主图视频点击率25.87% • 页面停留上升16.11% • 观看用户同比上升167%
购买转化效果	• 整体转化率上升20%	• 晒单视频点击率45% • 加购转化率30% • 下单转化率20%

资料来源：穆胜企业管理咨询事务所整理。

阿里披露，淘宝的商品端视频化导致整体转化率上升了20%。而京东披露的一组数据从另一个侧面反映了购买转化的提升路径：越来越多的用户习惯于视频晒单，而晒单视频点击率达到45%，浏览晒单后放入购物车的加购转化率为浏览晒单人数的30%，浏览晒单后实际完成购买的下单转化率为浏览晒单人数的20%。

京东的这组数据进一步说明，即使在电商网站这种功能终端上，高质量的轻快内容（如短视频）仍然可以引发社交（晒单、点赞、评论等）活动，对于流量的留存、激活、转化成交有着极其重大的战略意义。

不妨再大胆想象，如果内容的分发不仅仅是基于电商网站，而是基于有社交或信息流基因的平台，又会带来什么样的效果？小红书、抖音等兼具信息流与社交基因的平台的成功已经证明了这种趋势。

内容社交电商的逻辑

当前，信息流平台和社交平台是用户占用时长最长的两类 App。而我们的研究也显示，这两类 App 已经出现了明显的融合趋势，并且造就了集聚庞大用户量的"流量黑洞"。这种"流量黑洞"的形成，造成了三种电商逻辑的改变：

一是广告与信息流合一，无孔不入地渗透到社交网络中。传统电商主要通过效果广告来获得流量，相对于传统的品牌展示广告，其投放效率已经大大提升。但这类广告始终是广告，用户在接收广告时，天然就会有所警惕。正好因为这个原因，效果广告投放的效率极其有限，流量成本也一直居高不下，其中，还伴随着流量作弊（机器点击、僵尸粉等形式）。世界广告主联合会（World Federation of Advertisers）甚至预计，在未来的 10 年内，流量欺诈将会成为犯罪组织的第二大市场，仅次于毒品贩卖。

而现在，信息流广告开始引领新的方向。商品本身就是内容，好商品以好内容的形式呈现，这种广告就是有用的资讯。将商品内容化，掺杂在用户喜欢的信息流中，并通过社交网络进行传播，不仅极具隐蔽性，不会让用户反感，而且更能实现购买转化，更具穿透力。在大量的社交和信息流平台上，如果不仔细看"广告"的标识，有时候甚至会将其误会为信息。而在抖音这类平台上，大量"种草"的内容甚至根本就没有"广告"的标识。

二是"逛街"与"购物"两个行为融为一体，交易场景无时不在、无处不在。严格意义上说，传统电商更像是线下零售的线上化。其成交逻辑是进入一个类似百货卖场的 PC 端，通过品目的树状逻辑进行选择，直至自己喜欢的产品，通过在线提供的便利货比三家，而后成单。但内容电商则完全不同。其成交逻辑是让用户在移动端随时在线接受信息流，在享受推送内容的同时完成购买，而基于社交网络，这种内容推送的效率显然会更高。

传统电商模式下，消费者只有为了购物才会在线，好比传统零售模式中，消费者大多为了"购物"而"逛街"。而内容电商使用户仿佛置身于一个流连忘返的商业体（mall○），随时在线，随时转化成交。

三是内容和社群两把快刀将商品从"同质品"切割为"个性品"，跳出了价格竞争。我们对于纯社交电商的一个诟病就是其跳不出价格竞争的逻辑。拼多多有超低价商品，但会不会有第二个拼多多找到更低价的商品？这种竞争没有尽头，一旦售价低于产品必须支出的成本，还要让这门生意做下去，就只有走向假货。而那个时候，整个赛道里的所有企业都有可能被连累否定。

但内容只会吸引对它感兴趣的人，社交里的传播也会沿着族群的轨迹（圈层）。结果是，"汝之蜜糖，彼之砒霜"，这种商品会成为精准用户群的"私享"，聚集足够的购买力。由于信息流平台带来的"深度沉浸"和社交平台带来的"人际信任"，大多用户也会放弃货比三家的方式，更有效率地走向成交。这里，更多还是对于内容生产和发布者的信任，认为这种"攻略"性质的信息已经让自己获得了优势，他们更容易看到产品的优点；而社交里的信息更有人际链条的信任背书，对于成交自然有促进作用。

正是基于上述三大电商逻辑的改变，**我们可以大胆预测：未来的电商形态应该是"内容社交电商"**。

也就是说，单纯地做内容电商是伪命题，没有内容分发，酒好也怕巷子深，无法实现商业闭环；单纯地做社交电商也是伪命题，没有好的内容，仅仅是在社交网络上做病毒式传播，唯一能主打的就是产品的低价，和"流量电商"没有区别，死穴也一模一样。

○ Mall 是一种相对于百货的业态，前者提供体验感，甚至布局了若干无法形成销售的场景，而后者主要以货架为主，卖货是其直接目的。

未来的电商模式不仅要将商品变成在线内容，而且要通过社交网络的形式将内容分发出去，让用户沉浸在内容里，不知不觉完成购买转化。

改变电商格局的两股力量

所谓内容社交电商，就是电商+流量黑洞。当前，两股力量已经让这种趋势呼之欲出。

电商+流量黑洞

这种趋势是指电商通过自建、投资、结盟的形式连接这些流量黑洞。这种趋势一般被表述为"电商社交化"和"电商内容化"。

电商社交化的趋势始于阿里。早在2013年阿里就上线了淘宝微淘。当然，即使像阿里这样的电商巨头也相对理性，意识到自己没有社交基因，他们更多是通过投资的方式来嫁接社交流量。2014年，阿里陆续参股了微博、陌陌、钉钉。

电商内容化的潮流也始于阿里。早在2014年，阿里就在淘宝上线了有好货、每日好店模块。而后，苏宁、京东开始跟进，甚至连大众点评、携程等服务类电商也开始跟进。

事实上，阿里的思路一直很清晰。2015年的淘宝卖家大会上，阿里巴巴集团CEO张勇明确把社区化、内容化和本地生活化发展作为淘宝未来的三大方向，正是指向电商如何拥抱流量黑洞。

电商社交化和电商内容化的时间轴如图9-6所示。

当前，阿里巴巴和京东两大电商巨头已经在内容建设上缠斗了很久。

阿里的作风比较激进。2014年淘宝上线有好货、每日好店模块；2015年2月，淘宝上线"淘宝头条"，并推出"内容开放计划"，对优质内容创作者和机构进行扶持，从此开始了电商平台的内容化转型；2016年4月，淘宝上线淘宝直播，鼓励商家通过直播的方式卖货；2016年8月，淘宝上线了淘宝二楼，通过有温度有内涵的故事分享商品；2018年9月，淘宝上线哇哦视频，利用短视频这一新内容形式实现导流；2018年双11期间，天猫平台上线种草猫，采用社交分享的模式承载商品……

图 9-6　电商社交化和电商内容化的时间轴
资料来源：穆胜企业管理咨询事务所整理。

京东似乎反应稍慢，落后了淘宝几个身位。2016年8月，京东才上线了发现好货，相对淘宝的有好货晚了近两年；2016年11月，京东上线了京东快报，相对淘宝头条晚了21个月；2017年5月，京东上线了京东直播，相对淘宝直播晚了13个月；2017年12月，京东上线了京晚八点，相对淘宝二楼晚了16个月……独立App鹿刻，京东至今还未跟进，但按照其战略节奏，上线同类产品也是迟早的事。

淘宝和京东内容化的时间轴如图9-7所示。

在"淘宝跑、京东追"的节奏中，两方的内容生态建设已经悄然成型，在图文、视频、直播三大领域内，布局了大大小小的功能模块，源源不绝地释放UGC、PGC、OGC内容。当然，这些内容不仅在自己的平台上传播，也会向微博、抖音、小红书、优酷等站外释放。

图9-7 淘宝和京东内容化的时间轴

资料来源：穆胜企业管理咨询事务所整理。

阿里和京东内容生态建设情况如表9-5所示。

根据QuestMobile的数据，通过打造内容生态等手段，手机淘宝的月均使用时长从2018年2月的187分钟，上涨到2019年2月的285分钟，涨幅达到52.4%。

流量黑洞 + 电商

这种趋势是指流量黑洞开始拥抱电商，通过自建、投资、结盟的方式植入商业化单元。这种趋势一般被表述为"社交电商化"和"内容电商化"。

腾讯作为社交巨头，一直对电商充满热情。腾讯投资京东后，不仅将自己的电商业务放入京东，还持续不断地提供流量支持。而对于拼多多的投资更被认为是妙手，在严格控制"诱导传播"的微信环境里，腾讯对于拼多多的关心肉眼可见。

其实，就连小红书、抖音、快手这样的社交平台也开始在大量累积流量之后，走向商业变现。这类平台的变现手段无非是广告和电商，而两者所能辐射的商业利益根本不在一个量级。一个局部数据可能说明问题，微博CEO王高飞对外公布，2017年自媒体通过微博获得的收入超过207亿元，其中电商变现收入187亿元。另一个例子是蘑菇街，由于其较早进行电商布局，截至2019年，其佣金收入已经成为营收的大头，营销收入（卖广告）反而成为第二阵营。

表 9-5 阿里和京东内容生态建设情况

内容形式		类别	阿里巴巴	京东	创作者	内容简述
图文	长图文	文章类（资讯）	淘宝头条	京东快报	官方、达人	提供公告信息、新闻资讯等
	短图文	清单类	必买清单	会买专辑	商家、达人，很小比例官方	模拟一个主题、场景，并围绕该主题进行一站式的购物攻略
		店铺推广	每日好店	逛好店	官方	推广一些小而有特色的店铺
	短图文、短视频结合	单品类	有好货	发现好货	官方、达人	用清单个商品描述商品信息，使用户有体验感
			时尚大咖、潮流酷玩、我爱我家、生活研究所等	女神范、潮流服饰、质潮男、甄选家、精选家等	达人为主	围绕单个商品描述商品信息、用体验感等，并针对不同的消费群体分类推送
视频	短视频	综合类	种草猫（天猫平台）鹿刻（阿里旗下）		目前只有官方和特约达人	理想生活分享社区，通过分享用感受、测评等，使用户种草，促成交易
			哇哦视频		商家、达人、普通用户	外部App，分享精彩瞬间，同时可以给电商平台导流
	长视频	短片类	淘宝二楼	京晚8点	商家、达人	围绕单品信息、使用体验等，介绍商品或者一系列产品
					专业媒体	创作有温度的故事，进行有情感的导购，有共鸣的营销
直播			淘宝直播	京东直播	商家、达人	以直播互动的形式讲解、分享商品

资料来源：穆胜企业管理咨询事务所整理。

蘑菇街近三年营收构成变化如图9-8所示。

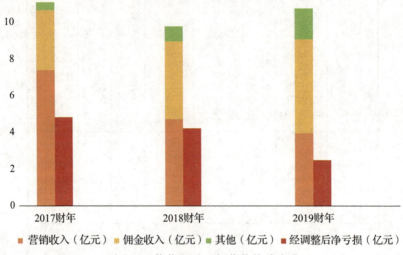

图9-8 蘑菇街近三年营收构成变化

资料来源：燃财经。

我们统计了主要的流量黑洞走向电商的两类活动（见表9-6）：一是与电商合作加载电商模块，我们命名为"联合模式"；二是亲自开展电商业务，我们命名为"自建模式"。可以发现，头部的流量黑洞异常活跃，尤其是在2018年，这类活动出现了井喷，更加证明流量黑洞急于"电商化"。

表9-6 流量黑洞的电商布局

内容平台	具体时间	电商布局动作	模式
抖音	2018.01	抖音测试购物车功能	自建
	2018.03	抖音上线了直接通往淘宝的外链	联合
	2018.05	抖音允许用户直接进入个人店铺购买商品	自建
	2018.09	今日头条App内鲜生活和特卖频道升级，上线自营电商业务值点	联合
	2018.12	抖音购物车功能正式开放申请	自建
快手	2018.06	快手宣布与有赞、淘宝合作，通过"快手小店"推出了商品导购功能，能够导向第三方电商平台	联合
	2018.12	快手电商在北京发布"麦田计划"，推出升级改版后的"快手小店"，以"内容+社交"为驱动	自建

（续）

内容平台	具体时间	电商布局动作	模式
快手	2019.06	快手与拼多多达成合作，拼多多商家可以入驻快手进行直播推广，据传，双方后台都已经打通	联合
bilibili	2018.07	B 站 UP 主开店功能公测	自建
	2018.12	淘宝与 B 站就 IP 商业化运营、UP 主内容电商等展开合作	联合
	2019.04	B 站上拥有百万粉丝的优质原生 UP 主正加速入驻淘宝	联合
	2019.04	B 站上线了一款名为"势能榜种草机"的小程序	自建
小红书	2014.12	小红书推出自营商城"福利社"	自建
	2016.09	小红书拓展第三方平台和品牌商家	联合
	2018.11	手机淘宝新一轮内测实现与小红书的内容打通	联合
	2019.04	小红书旗下社交电商平台小红店已正式开始内测	自建
蘑菇街	2012.07	蘑菇街开始做导购，为淘宝引流	联合
	2013.12	蘑菇街转型垂直电商	自建
	2018.09	超过 4.8 万名时尚达人入驻蘑菇街平台，超过 1.8 万名活跃时尚主播	自建
今日头条	2018.10	今日头条开通店铺功能，头条号作者可以在文章中插入商品链接，同时上线 App 值点	自建
	2019.05	今日头条公告每一个创作者都可以申请开通自己的头条小店	自建
一条	2016.08	一条旗下生活美学电商"一条生活馆"正式上线	自建
	2018.09	一条实体店在上海开幕。在这个生活良品集合店里，可以在大屏幕上观看到数千条精美的原创视频，亲身体验数千件生活良品	自建

资料来源：穆胜企业管理咨询事务所整理。

可以发现，除了小红书和蘑菇街这样的先行者，大部分流量黑洞的电商布局的时间都要晚一些，大家依然还是遵循了互联网先有流量再有商业化的逻辑，而流量通过广告变现，似乎已经足够满足它们的早期生存需要。但在 2018 年，抖音、快手、B 站、今日头条都开始步调一致地布局电商，再次证明了流量黑洞形成之后的威力。

其实，流量黑洞的若干动作都暗含与电商的博弈：一方面，直接加载电商模块的方式相对简单直接，自己可以专注于带货，而将供应链管理的复杂工作甩给成熟的电商，例如抖音于 2018 年 3 月上线了直接通往淘宝的外链。另一方面，这样的方式难免有为他人做嫁衣之嫌，随着电商上线社交和信息流模块，谁又能保证流量黑洞们不会被替代掉？所以，流量黑洞们也开始搭建自己的电商体系，希望在自己的生态里实现闭环。而这种考虑通常还是最早布局的，例如，抖音在与淘宝合作之前，早就于2018年1月测试了购物车功能。

其实，流量黑洞和电商的博弈并非暗流涌动，而是已经明刀明枪。

例如，快手规定：为淘宝联盟、有赞、拼多多三个电商导流，商品推广者（如KOL、KOC等）将获得实际到手推广佣金的50%；而如果为魔筷星选和快手自建小店导流，快手仅仅收取订单成交金额的5%作为佣金，商品推广者将获得订单实际成交金额的95%。天眼查数据显示，快手持股魔筷星选13.1%，对于自家电商模块的倾斜扶持不言而喻。

这种倾斜并不是单方面的。最近，阿里妈妈（阿里旗下大数据营销平台）也开始向利用抖音向淘宝导流的商品推广者收取成交额6%的专项服务费。而抖音方面也规定，淘宝的商品佣金需调整到通用或营销计划的20%及以上，才能添加至抖音购物车。这让商品推广者们陷入两难：一方面，阿里妈妈抽走了一半左右的佣金，大大打击了导流的积极性；另一方面，抖音又要求淘系商品必须设置高佣金，看似在保护平台上的商品推广者，却又会打击商家通过抖音导流的积极性。

由于各擅其长，流量黑洞与电商之间的胶着必然还会持续，长期竞合共存是大概率事件。但有意思的是，电商在崛起时，最依赖的看家本领就是流量的运营，而线下零售以供应链管理能力迎战。而现在，流量黑洞崛起，成为更会运营流量的一方，电商则开始以累积的供应链管理能力迎战。

商业世界的轮回，太有意思！

第十章

公私域流量的进击与反制

如果说"流量黑洞+电商"是互联网商业模式的大趋势,那么,这场争斗无非就是流量黑洞类的平台与电商平台之间的博弈。但现实并非如此,上述两类平台还面临一个挑战——流量的截和。它们一方面需要商品提供者或内容生产者来繁荣平台,另一方面,又要将它们的商业利益限制在平台上。反之,商品提供者或内容生产者一方面需要平台来触达客户,另一方面,又希望让成交的商业利益跳出平台。至今,这种进击与反制已经发生了若干回合。

整个消费互联网的下半场,公域和私域之间的流量争夺是毫无疑问的热点。

流量红利消失

流量红利时代,用低价流量来获取购买是所有企业的不二选择,这种逻辑也被几乎所有入局互联网的玩家视为真理。但现在,流量红利却开始消失,不仅流量成本迅速增加,而且流量能够换取的购买也急剧下降。

我们可以用三组数据来说明问题。

一是移动互联网用户规模增速减缓。这还不是某类平台的表现拖低了整体表现，而是全局性的趋势。举例来说，以前增速一度达到40%左右的移动电商用户规模也开始增速减缓（见图10-1）。

图10-1 中国移动电商用户规模

资料来源：艾媒咨询。

二是购买力触顶，即流量背后可供转化的购买力有限。2018年，电商市场交易规模首次出现了负增长，而在此之前，这种增速一度突破了40%（见图10-2）。一方面，流量有限，但依然在增长；另一方面，流量背后的购买力在衰退。两方面效应的叠加，让每个流量能够产生的购买力被稀释，流量的真实价值大大下降。

三是需要流量的玩家增多。强大的电商平台、新兴的各类平台、走到线上的传统商家都在线上的赛场里活跃，流量生意的需求大量增加。依然以电商为例，这个行业尽管竞争激烈，但企业的数量却一直在增长（见图10-3）。结果，需求的旺盛让流量成本居高不下，而且，买到的流量可能还是掺了水分的（购买力下降了）。

流量红利时代的终结，有个最直接的证据，即每个电商平均能够分得的GMV在2018年首次出现了下降（见图10-4）。而在此之前，这个数据一直是以井喷的趋势往上走的。

图 10-2　中国电子商务市场交易规模

资料来源：中国产业信息网。

图 10-3　中国电商企业数量统计

资料来源：穆胜企业管理咨询事务所根据天眼查数据整理。

图 10-4　电商企业 GMV 均量分析

资料来源：穆胜企业管理咨询事务所整理。

公域流量之困

流量红利的消失，让所有人对流量的归属都异常敏感，于是，引发了公域流量和私域流量的区分与争议。

公域流量，即大平台上的公共流量，这些流量对所有商家开放，但如果需要利用这些流量，就必须按次向大平台购买，每次导流都需要付出成本。典型的公域流量存在于电商平台（如淘宝、天猫、京东）、社交平台（如微信、抖音）、信息流平台（如今日头条）等。各类平台上，收费方式也是林林总总、无孔不入，以电商为例，包括进场费、条码费、堆头费、店庆费、直通车费用、钻展费用等。

这些流量显然是商家无法控制的。淘宝店家们的感觉很直观："虽然我的淘宝店粉丝非常多，但其实如果不去买各种直通车，流量还是没有，流量其实都是马云的，不是我的。"流量费持续上升，又被大平台反复收割，商家自然不安。

但从平台的角度看，公域流量显然是个好生意。实际上，这是在用经济学中的"价格歧视原理"来收费，简单来说就是不同的流量收不同的费用，见缝插针，赚取收益。从模型上看，这种生意是非常漂亮的，最大程度挤出"消费者剩余"，即商家愿意付出而没有被定价的那部分"潜在买单能力"。

但从整个生态的角度看，公域流量的玩法不见得是长久之计，私域流量天然有存在的空间。

一方面，由于公域流量大多采用竞价机制，必然越来越贵，如果企业继续陷入这种流量战争，最后的赢家就不得不承担过高的流量费用。流量费在上涨的同时，产品一定会降低成本，变得越来越同质化。当这种流量费用超过企业承受的极限时，就会假货横行，导致生态崩塌。实际上，这是在耗竭性地开发生态中的红利。但私域流量都留存在社群圈层里，都有自己独特的需求，商家在几乎不用支付流量费的情况下，可以基于圈层需求专注于打造独特产品或服务，通过提升用户体验获得高溢价，最后达成双赢效果。

另一方面，即使不考虑对于平台上企业的承受能力，一味将流量留在公域，也不见得是好事。即使辅以强大的数据和人工智能，平台能够给流量提供的体验，始终不可能做到极致（即做到千人千面），流量的留存和激活，依然需要一些社群运营的温度。一个个KOL或大V，就是平台上优质内容的原发地，是平台流量的枢纽和黏性的来源，他们对于生态的繁荣本来就是有贡献的。换句话说，任何平台都不得不激活私域的创造力。反过来讲，纯公域流量的执着是一种最原始、最朴素的"去中心化"互联网观念，是不正确的。

换个角度说，如果平台看得懂上面的道理，它们能不能压抑自己收割的冲动，不要让流量费持续上升呢？因为，这看起来像是个无本买卖，平台似乎可以"少赚点"。

但这是不可能的，大平台的流量不是无源之水，它们自身付出的流量成本也越来越高。我们分别计算了阿里、京东和拼多多的获客成本、维系成本和单客成本（见表10-1和图10-5）。[一]以阿里巴巴为例，2015财年，其获客成本和单客成本还是58.31元/人和24.32元/人，到了2019财年，这组数字已经暴涨到了187.29元/人和60.83元/人，分别上涨了221.2%和150.1%。

表10-1 阿里巴巴&京东&拼多多流量成本分析[二] （单位：元）

维度		2015财年	2016财年	2017财年	2018财年	2019财年
获客成本	阿里巴巴	58.31	79.07	141.12	144.59	187.29
	拼多多	—	—	3.68	6.46	60.37
	京东	76.12	87.65	98.63	133.91	272.48
维系成本	阿里巴巴	11.66	15.81	28.22	28.92	37.46
	拼多多	—	—	—	1.29	12.07
	京东	15.22	17.53	19.73	26.78	54.50
单客成本	阿里巴巴	24.32	26.73	35.93	49.45	60.83
	拼多多	—	—	3.68	5.49	32.12
	京东	44.26	46.66	44.75	50.91	63.07

资料来源：穆胜企业管理咨询事务所根据阿里、京东、拼多多年报整理。

图10-5 阿里巴巴&京东&拼多多单客成本分析

资料来源：穆胜企业管理咨询事务所根据阿里、京东、拼多多年报整理。

[一] 一般的口径中，获客成本 = 营销费用/（本年度活跃用户数 – 上年度活跃用户数），但我们认为，营销费用的支出应该也有维系老用户的作用。因此，按照业界默认的"获客成本 = 5倍维系成本"规律，对营销费用进行了分拆，得出了"真实获客成本"的口径。

[二] 阿里的财年终结日为每年3月31日，京东和拼多多的财年终结日为每年12月31日，所以，从统计上会出现一个时间的错位。但由于错位不大，故在表10-1中未进行按照自然日的统计还原。

如果说电商的流量费用上涨倒也情有可原，另一个数据可能更能说明问题，流量大户腾讯的广告费用在几年间长期维持在销售费用的 75%和营业收入的 5% 左右，并未出现收缩。这个固定投入的比例应该是来自其全面预算体系年初的设定，也与其在市场上的扩张姿态有关，但流量大户尚且需要持续投入，何况其他平台。

私域流量兴起

在这样的背景下，私域流量开始兴起，成为几乎所有企业都需要面对的问题（除了拥有流量的大平台）。私域流量，即品牌或个人自主拥有的、可以自由控制的、免费的、多次利用的流量。这类流量或是从公域导入，或是自主建立，都沉淀在了商家的"流量池"里。典型的私域流量留存在个人微信号、微信群、小程序或自主 App。说白了，就是商家可以反复"骚扰"的那群用户。

私域流量发展时间轴如图 10-6 所示。

图 10-6 私域流量发展时间轴

资料来源：穆胜企业管理咨询事务所。

萌芽期

2009~2012年是私域流量的萌芽期。所谓"萌芽"指的是大家还没有私域流量的概念，只是下意识地做了一些现在看起来和私域流量有关的动作。

2009年，从新浪微博上线开始，蓝V就是标配的功能，只不过打造蓝V的趋势，是在随后兴起的。那个时候，大多企业并没有流量运营的意识，只是将这种界面看作一种新型的PR或CRM工具。

启蒙期

2013~2016年是私域流量的启蒙期。所谓"启蒙"是指头部玩家开始探索"姿势"，并随着探索的深入形成了一些这个领域的"常识"。这段时间里，随着"互联网思维"的渗透，公众号在品牌宣传之外有了一些服务职能，商家的流量运营意识也开始建立。

2013年，微信公众号推出，企业可以依托微信这个流量大入口，建立自己的门户并吸引和影响粉丝。从这个时点开始，逐渐有了"双微（微博蓝V+微信公号）运营"的说法。这个阶段也是微商火爆的阶段，这种路数直接指向流量变现，更接近当前私域流量玩法。2013年，俏十岁、韩束等品牌的面膜在朋友圈卖得风生水起，让人感受到社交平台出货的强大势能。最开始，微商还只是运作一些"丰美壮"产品，特点是成本低、定价低、定倍率高，模式是往代理层层压货，甚至很有传销特征。但到了2016年左右，已经有越来越多的传统大企业进入微商行业，如立白、舒客、浪莎、仁和药业等知名大企业。

在微信公众号推出的同时，阿里也在同年推出了"微淘"，这成为其营造私域流量空间的战略举措。其实，微淘可以被理解为一个阿里版的公众号，商家和达人可以依托平台进行内容创作，并基于关注关系进行内容分发，触达粉丝形成连接后，自然有后续转化购买的机会。

其实，追根溯源，首次明确提出"私域流量"概念的也应该是阿里巴巴 CEO 张勇。在 2016 年 1 月召开的阿里巴巴管理者内部会上，张勇表示："我们既要鼓励商家去运营他们的私域空间，同时我们也应该鼓励所有业务团队去创造在无线上的私域空间，把这个业务自己的流量运营起来，把红人自己的账号流量运营起来……"

发展期

2017 年到 2018 年上半年是私域流量的发展期。这意味着，在明确了"姿势"的前提下，这种模式开始扩张。之所以在这个节点爆发，可能有两个原因：其一，阿里的获客成本在 2016 年急速攀升，到了 2017 年依然处于高位；雪上加霜的是，京东的获客成本也在 2017 年暴涨，几乎追平阿里。电商平台上的玩家选无可选，开始顶不住压力了。其二，云集、拼多多等基于微信的电商平台崛起，社交平台上的流量红利肉眼可见。而在 2017 年，拼多多的获客成本依然保持了 6.64 元的低位，相对于 2016 年的 3.68 元只是略微上涨（见图 10-7）。

图 10-7　阿里巴巴 & 京东 & 拼多多获客成本分析

在流量费上涨的压力和微信平台依然存在的流量红利诱惑下，先知先觉的淘系玩家开始入场。其实，淘系玩家是最有私域流量意识的。高流量费下，他们已经通过微淘在经营用户。相比起来，微信有 11 亿用户，而淘系则有 6 亿用户，5 亿的用户差额自然是商家必争之地。另外，对比淘宝系激烈、透明的商家竞争环境，微信更容易形成封闭的社交群落，更有利于"闷声发大财"式的品牌孵化。

当然，微信环境里的私域流量红利其实已经被微商收割一次了，淘系玩家的入场已经是在收割第二波红利，而这个阶段的其他流量玩家还没有觉醒。但好在微信生态的红利空间够大，这就为下一个阶段的红利收割留下了机会。

这里面还有个关键的要素就是"小程序"。2017 年 1 月，微信小程序在万众瞩目下上线了，让商家可以基于微信这个平台搭建自己的商业闭环。但是，因为"用完即走"的理念，小程序的入口较多，并没有一个统一的界面帮助商家完成私域流量的沉淀（见图 10-8）。事后证明，小程序更多还是嵌入内容里的商业闭环补充，这个试水阶段里，其并没有推动私域流量的爆发。

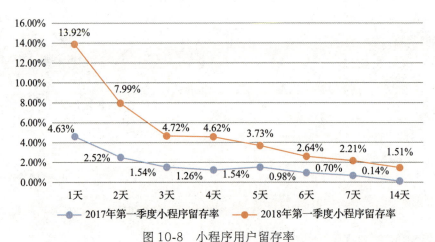

图 10-8　小程序用户留存率

资料来源：即速应用，《2018 年小程序生态进化报告》。

这个阶段，阿里依然在助推私域流量。截至 2017 年，微淘已经成为淘宝的第二大标签，是庞大的流量入口。另外，阿里还在 2016 年年末到 2017 年年初之间开放了包括穹顶搜索、店铺搜索页等助推私域流量的功能。例如，穹顶搜索功能是指卖家申请专属自己的搜索词后，顾客可以通过淘宝搜索该词，一键搜索直达卖家搜索页，有利于店铺树立品牌、快速推广。

加速期

从 2018 年下半年开始，是私域流量的加速期。这段时间里，阿里、京东、拼多多三大电商的获客成本再次出现大幅拉升，私域流量的重要性已经无须证明。于是，大厂的布局逐渐激进而步调一致。

2019 年 1 月 9 日，微信公开课 Pro 上，张小龙提出企业微信的新理念"人即服务"：让每一个企业员工都成为企业服务的窗口。作为腾讯王牌微信产品的主导者，张小龙的理念很大程度上反映了腾讯的布局。果然，2019 年 5 月 22 日，在腾讯全球数字生态大会上，腾讯发布".com 2.0 全渠道私域业态"，即通过小程序官方旗舰店、官方导购和超级社群形成一个私域流量的赋能模式。腾讯将推动私域流量赋能的意义定位为**"形成规模化交易的全渠道私域业态合集，从而抵达零售业数字化的下一站"**。

也就是说，诸多猜测腾讯会封杀私域流量的说法都是错误的。腾讯忌惮的只是某些商家在微商的节奏里过度营销，影响社交体验而已。腾讯对于私域流量的打造是支持的，因为，这是基于腾讯的平台打造私域流量。进一步看，这就是腾讯与阿里切割电商版图的一个杀招。

2019 年 7 月，天猫宣布"旗舰店 2.0 升级计划"，强调会帮助商家从对"货"的运营全面转向对"人"的运营，从单节点的模式走向多维度、多产品的运营。

也就是说，阿里对于私域流量的打造也一直是支持的，他们忌惮的，不过是天猫或淘宝店主们往寄出的货品里塞二维码卡片，让用户加他们微信罢了。与其让商家把私域流量建在微信的平台上，不如自己就把平台搭好。

2019年开始，在前文谈及的背景下，以社交电商的兴起为契机，私域流量全面爆发。以个人号为代表，以群为辅助的私域流量模式成为商家的主流共识。一个典型的现象是，虎赞、聚客通、乙店等赋能私域流量运营的工具类项目开始涌现并出现势头的爆发。而在2018年至2019年期间，知名投资机构也大量跟进此类项目，红杉资本中国基金、阿米巴资本、源码资本、金沙江创投等机构已经入局。

真假私域流量

"互联网思维"如火如荼之际，"用户思维"被认为是金科玉律。在那个浮躁的窗口期，大量的企业口中叫喊"用户思维"，但在行动上依然执行"流量思维"。所谓"用户思维"，就是以用户为中心，通过产品和运营手段，持续经营用户体验。而所谓"流量思维"，就是通过流量的"低处买入、高处变现"赚取贸易差。过去的"风口"上，低廉的流量费成为大部分企业制造增长的拐杖，以至于它们根本没有心思思考用户。

其实，也不能说没有企业希望经营用户，打造私域流量的想法从互联网商业模式兴起之初就是常识。在前几年的"互联网思维"的鼓噪下，没有企业会不想拥有自己的粉丝群。但是，大多企业建立私域流量的方式相对原始，如打造蓝V、做微信服务号（可以绑定会员信息）。这可能是走入了两个误区：

一是将"弱连接+信息流的推送方式"误认为是建立了私域流量。好内容的生产本身就是个难题，再加上围绕企业和产品，更是一个狭窄命题。所以，这些蓝V、公众号、服务号推送的内容打开率低得让人尴尬。其实，这相当于在社交平台里放了一个"广告机"，结果可想而知。不仅如此，运营这种"广告机"还需要相当的成本，大多企业在投入不见成效之后自然鸣金收兵。

二是希望用"中心化"的方式来锁定流量。 消费互联网时代的初期，几乎所有的企业都希望用一个实体偶像或虚拟人格来锁定粉丝。这看似一劳永逸，但其实相当于要打造一个大IP，难度太大了，用户的心智哪里能够容纳那么多的偶像？

笔者总结了一个"AIE标准"，也许更容易精准定义私域流量。

一是可自由触达（accessibility），这意味着私域流量的拥有者可以直接接触到流量。 从这个意义上说，微信公众号、服务号、微博、抖音等平台上的粉丝都不能算作私域流量。就微信公众号和服务号来说，其打开率太低，而且不能主动互动（除非用户留言），显然不能"自由触达"；就微博、抖音等平台来说，其内容的分发是由平台的算法决定的，显然也不能"自由触达"。其实，这些流量载体都不能算作私域，最多算作"半私域"，这是由其平台的属性决定的。

真正的私域流量，还是主要存在于微信个人号。基于微信的IM属性，一对一的信息推送、一对多的社群运营（群控），都是私域流量运营的天然手段。其实，抖音等平台也意识到了这个问题，正在增加其作为社交平台的属性。例如，抖音也几乎复制了微信的建群和发送图文、语音、视频、表情等文本内容的功能。但同样的事情微博也努力过，最终还是没有形成势能，足见平台基因的重要性。

有意思的是，尽管抖音依靠算法干预内容分发，分走了前辈快手的一大块市场蛋糕，但快手依然坚持不对内容分发进行过多干预。这里面的理由有可能是，他们更愿意打造一种私域流量的经营场景。

二是聚集流量的方式是"IP化"的，这意味着企业连接流量的方式

是一个对用户足以形成影响的 IP。过去，一些先知先觉的企业企图将品牌人格化，杜蕾斯、海尔等蓝 V 都是成功的运营典范。但这更多取决于它们超高的运营水平，如果依赖于微博蓝 V 或微信服务号这样的载体，在一般的运营水平下，是很难产生人际连接的。而缺乏连接的流量，自然不能称为私域流量。

其实，现实一点的方式是做"品牌人格的实体化"（形成个人 IP），变成有温度的专家渗透到社交圈。这种角色可能是购物助手（了解货品）、专家（了解领域）、KOL（文化引领）、KOC（行为引领）……甚至是能够与用户深度交流、有温度的个人伙伴。没有人希望微信朋友圈里有一个"功能化"的品牌客服，只有个人 IP 才是社交网络里的有效节点。对企业来说，现在一个比较经济的玩法是，制造或依附一个个 KOC（key opinion customer，素人博主）渗透到用户的社交圈。KOC 不像 KOL 有很大的流量，但却可以被品牌企业量产出来或者大量进行广告投放，其更像是用户信任的朋友，同样可以影响购买行为。

三是具有耐受性（endurance），这意味着流量不会轻易离开。这一条标准是检验连接的稳固性。流量之所以不会离开，一方面是因为连接基于社交平台，而不是微博那种偏信息流平台的社交平台，道理很简单，只要有人际连接就有"人情世故"，关系就相对稳定；另一方面是因为连接必须给对方提供价值，即使是在朋友圈里发货品广告，也需要流量（用户）认可这些信息的价值。其实，现代社会，所有人都有消费需求，没有人不需要广告，因为广告对于信息传递的功能不可替代。只不过，用户需要的不是那种"硬广"，而是那种有温度的、包裹在信息流中的"软广"。所有的人几乎都会在自己的微信朋友圈留下几个"卖货的"，当然，前提是他们家的货和他们的表达方式是你需要的。

如果按照上述三个标准，除了自主 App 的有限流量，深入社交圈、依赖个人 IP 形成连接的流量，才是私域流量。正是基于这个原因，腾讯和阿里都强调了以"人"为中心的运营，阿里甚至还提出从"货"到"人"的转移。当然，从目前来看，微信很好地平衡了社交平台和信息流平台的属性，微信个人号成了经营私域流量的第一平台。从这个角度说，阿里由于缺乏社交属性，做私域流量的空间是天然受限的。

私域流量的经营空间

前面说过私域流量对于一个平台的重要性，但事情往往过犹不及，如果一个平台任由私域流量无限发展，极有可能会影响到平台的体验和商业利益。所以，未来私域流量的经营空间应该是有边界的。其实，这个边界就是微信之类的平台的规制范围。下面，我们主要对微信平台进行分析，同时，我们也会举到其他例子。

设置行为红线

一是控制传销。一个微信号只能加满 5000 个好友，如果是一个几百万级甚至几千万级用户的企业或产品，那需要多大的运营成本？于是，不少企业利用微信的庞大社交网络形成辐射。一个多层金字塔的结构中，如果一个人发展 5000 个下线，一个企业能控制的私域流量就是惊人的天文数字。但是，微信这种成熟的社交平台会严格控制这种"类传销"的多层分销结构。其做法简单粗暴而有效，不管是不是有入会费、拉人头、团队计酬这些特征，只要粗暴地控制住分销层级，不许超过两层，就不可能出问题。小黑裙（还是腾讯自己投资的）和云集先后被处罚，都是触犯了这种平台规制的红线。

二是禁止裂变。不仅仅是控制金字塔分销层级，微信还控制诱导分享这类可能产生裂变的行为。其实，早在几年前，微信就曾打击过美丽说、蘑菇街等企业的诱导分享行为。2019 年 5 月 13 日，微信安全中心发布了一篇《关于利诱分享朋友圈打卡的处理公告》，禁止通过利益诱惑，诱导用户分享、传播外链内容或者微信公众账号文章。英语流利说、轻课、薄荷阅读等知识付费大号也被微信官方关闭了朋友圈分享链接。裂变是 2018 年红极一时的"增长黑客"主张的模式，但微信已经明确了态度，不会给出这种空间。

三是打击外挂。用外挂养号已经是私域流量的江湖中公开的秘密，但这也是被平台禁止的。外挂不仅产生了大量恶意营销行为，还产生了诈骗等犯罪风险，更影响了用户的社交体验。2019 年 6 月 18 日，微信安全中心发布《关于打击"微信营销"外挂的公告》，再次申明了微信严厉打击外挂行为的态度。换句话说，要做私域流量，可以，但必须是真真正正的"活人"。

收编私域流量

当品牌建立了私域流量，就达到了去中介化的效果，这相当于在平台上做了一个 OTT（over the top，过顶传球），直接导致依靠流量贩卖为生的平台丧失利益。这类案例在微博经营的初期就曾出现过，有个说法是，微博还没赚到钱，大 V 们已经赚得盆满钵满。

于是，面对私域流量的兴起，平台开始反制，主要的手段是收编私域流量。即平台利用政策将小散乱的 KOL、KOC 导入自己控制的 MCN，或者通过与头部 MCN 的合作来实现收割，消除"体外循环"。小红书主推 MCN 模式，实际上就是对于私域流量的清洗。2019 年 5 月 10 日，小红书官方发布了《品牌合作人平台升级说明》，这一新规不仅提高了品牌合作人（可以接广告）的标准，还要求这些符合条件的品牌合作人必须在 6 月 10 日前与官方内容合作机构（MCN）进行实名制签约，否则将无法接单。一些没有签约的个人博主在登录小红书时会看到系统的跳出提示，要求及时完成 MCN 机构签约，而提示中提到的 MCN

机构只有小红书官方的"泓文"。同时，新规也加大了对私下接单的打击力度。所有的这些举措，都是想要形成一种状态——私域流量依然存在，但经济利益重回公域。其实，更早之前，微博就是按照这个路径推进商业化进程的。

最终来看，类似头部 MCN 的位置，才是双方满意的平衡点。从这个角度来看，如涵、茉莉等大 MCN 必然会迎来一个更大的风口。

公私域的流量穿透

当然，这种平衡可能也只是权宜之计，其实，一些大平台早就设计了一种更加大气的"玩法"。它们允许、助推流量进入私域，但又会设计一种机制，让私域流量回流公域，实现两个域的穿透。其实，垄断流量并不是公域的价值，公域中满足不了的个性化需求，天然会流向私域，但公域依然有其独特价值，私域也替代不了。后半句话可能是一些品牌商不愿听到的，它们更希望流量沉淀在自己的私域之后，形成一个封闭的生态。事实上，笔者接触过的 95% 以上的品牌商都有这个执念。

公域真正的价值体现在：**一是其控货范畴更大，能够满足用户的一站式需求，推动那种"上规模"的事**。举例来说，好比商场的大促，没有阿里大平台的支持，哪个品牌商可以做个"双 11"出来？**二是其数据沉淀更深，算法更先进**。其实，这也是基于控货实现的。私域里掌握的只可能是用户的有限标签，原因在于，用户的标签不是自动形成的，而是在与货的互动过程中形成的。举例来说，对货品的浏览、选择、复购等行为痕迹，就暴露了用户的消费能力、偏好、兴趣、决策风格等。当然，基于这种大量的数据沉淀，平台累积的算法也会通过机器学习变得更加先进，这种和私域之间的差距只会越来越大。

其实，品牌商也应该清楚，自己的私域流量池除非有源源不断的流入，否则就会越来越封闭。私域流量池被收割几次后，可能就会慢慢失去活性，转化为弱社交关系。好比一个池子，如果水不进也不出，就会变成死水，必须要和外界的水源实现联通，才能万世不竭。所以，私域流量还需要回到大平台的公域中促活，开发出新的用户需求，因为平台始终在控货。

平台与品牌商在公私域流量上的争斗，看似是进击与反制，实际上是一对欢喜冤家的日常互动。最终，谁也离不开谁。

HIGH VALUATION

HOW TO CREAT THE MOST VALUABLE INTERNET BUSINESS MODEL?

下 篇

产业互联网的号角声

消费互联网的世界依然精彩,但产业互联网的世界迎来的却是"巨变"。随着消费互联网越来越发达,千人千面、长尾分布、快速迭代、无限极致的C端用户需求也在倒逼产业端实现互联网化。事实上,C端用户所在的需求侧相对离散,可以用大的"流量经营逻辑"实现赢者通吃;大量B端企业所在的供给侧更加纵深,每个行业都有一套独立的逻辑,每个专业赛道都有一套相对独立的玩法。

本篇,我们尝试将复杂的产业互联网世界划分为四个专业赛道:

一是交易型产业互联网,即俗称的"B2B电商"。

二是服务型产业互联网,即俗称的"企业级SaaS"。

三是S2b2C,即近年涌现的供应链平台(S)赋能于小玩家(b),推动他们影响C端用户的新商业模式。

四是生产改造型产业互联网,即俗称的"工业4.0"。

我们相信,无法分类就无法厘清。我们也会发现,不同的分类之间有千丝万缕的联系。走到最后,各种模式可能也会相互融合,出现类似消费互联网世界的"万剑归宗"。

未来犹未可知,但当前产业互联网的玩家都在默默深耕,静候自己的收割。

他们的心不用太"大",吃透一个行业的一个环节已经是大生意,但他们的心也绝不能太"小",如果没有产业链上的全局视野,独守一块没有核心竞争力的小生意,迟早也会被蚕食鲸吞。

他们的思维不能够太"传统",否则就会陷入产业端的苦战,最后无疾而终;他们的思维也不能太"互联网",否则就会和产业"油水分离",

不能洞悉产业的本质，最终在烧钱扩张的虚假繁荣中落幕。

产业互联网绝对是个大战场，其能够创造经济利益的体量远超消费互联网，注定了是兵家必争之地。在这个战场里，不仅巨头们频频布局，草根们也在快速占位；不仅产业内的强者在转型自救，互联网的野蛮人也在迅速入场……大小玩家、新旧玩家已经数次交战，火花四溅。

而这个战场的号角声，才刚刚吹响。

第十一章

B2B 电商的成长与进化

在消费互联网被引爆的同时，一些深耕供给侧的有心人似乎也看到了产业互联网的巨大空间。

中国的各大行业长期处于产能过剩的状态，其本质就在于没有打通供需两端。在过去卖方市场里，卖方可以凭借强势地位压货或甩货，没有人关心渠道效率，而现在买方议价权逐渐增强，他们希望以更加透明、高效的方式，找到价廉物美的产品、服务、解决方案。与此同时，卖方库存压力迅速放大，库存的堰塞湖已经形成，卖方也需要一些高效出货的渠道或平台。

这类问题，不就是淘宝、京东们解决的问题吗？那么，为什么不在产业端再造一个淘宝、京东呢？

现实困境

最初，入局者们对于产业互联网的认识显然是"试错型"的，高喊要充当行业"路由器"的它们一般会按照淘宝、京东的路径走入"交易模式"。

所谓产业互联网的"交易模式"，即常说的"B2B 电商"，也就是通过连接供需双方、促成交易以获取收益的商业模式。具体来说，连接供需的方式大概分为平台和自营两类，具体形式表现为撮合、自营、联营、寄售等，但供给一定是来自第三方（而不是自己生产），且只有交易完成才能获得收益。

当然，也有线下的行业巨头利用自身地位拉动上下游，用补贴或勾引强行将交易搬到线上。但结果是，巨头们只是打造了一对多的线上交易，意向中的"平台"变成了自己的"渠道"，不仅产业效率没有多大提升，还增加了大量的补贴成本。

显然，"搭建平台"相对于"打造渠道"在大方向上更加合理。但问题在于，这依然是在用消费互联网的逻辑来做产业互联网，希望去渠道、去中介。2012年出现的找钢网是这个领域的先行者，当他们在2013年获得B轮融资后，迅速引爆了交易类B2B领域的热情，一大群"找"字辈的项目喷涌而出。但这些以"去渠道、去中介"为理念的入局者都异常纠结，即使费尽力气将交易搬到线上，形成看似宏伟的GMV，依然难以找到清晰的盈利模式。

这种盈利困境的原因在于：

一方面，如果是走平台模式，很难收取佣金。大宗商品通常是现货买卖，既然是现货买卖，就无法让双方屏蔽彼此，而大宗商品本身就很透明，价差也比较小，双方不愿为了平台的撮合交易而支付佣金。正是因为这个原因，找钢网和钢银电商这样的平台干脆就在最初将撮合服务免费，其目的不在于收佣金，而在于培养用户的习惯。

另一方面，如果是走自营模式，很容易踩翻行情。在大宗商品贸易行业，极其容易受到行业环境的影响。尽管操作谨慎的自营模式号称不做"单边交易"，换句话说，就是不在找到买家前囤货，但自营本来就是通过统购分销来实现盈利的，"统购"和"分销"之间的时间差决定了绝对不囤货是不可能的。所以，在换手的过程中，进销存的风险始终在企业自己身上。事实上，不做"单边交易"的企业少之又少，在价格波动的过程中，始终都有"踩行情"的冲动。

正因为如此,这个行业的排头兵一直在苦苦挣扎。下面以找钢网和钢银电商为例来进行分析。

找钢网采用了自营+平台模式[一],从 2015 年至 2018 年(见表 11-1),其 GMV 以每年翻一番的速度逐年增长,但企业却一直没有实现盈利,毛利率也长期处于 4% 以下的低位水平,且还在不断下降。

表 11-1 找钢网 2015 年~2018 年上半年财务数据

项目	2015 年	2016 年	2017 年	2018 年上半年
营业收入(亿元)	61.17	90.07	174.58	87.42
营业收入同比增长(%)		47.25	93.83	
毛利率(%)	0.60	3.80	2.80	
净利润(亿元)	-10.00	-8.20	-1.18	
GMV(亿元)	181.60	363.10	638.70	

资料来源:找钢网招股说明书。

钢银电商采用了平台模式[二]。从 2015 年到 2018 年(见表 11-2),其收入增长最高时达到近 200%,最低时也达到了 30% 以上。但由于其毛利率长期处于 1% 以下,直到 2018 年才依赖近千亿元的营收规模实现了 1.54 亿元的利润,利润可谓薄如纸片。而我们在后面会谈到,即使在这个利润规模里,交易抽佣本身贡献的利润也只是一部分。

表 11-2 钢银电商 2014~2018 年财务数据

项目	2014 年	2015 年	2016 年	2017 年	2018 年
营业收入(亿元)①	73.68	211.97	410.96	734.5	957.15
营业收入同比增长(%)	438.55	187.69	93.87	78.73	30.31
毛利率(%)	0.68	-1.21	0.41	0.36	0.48
净利润(亿元)	-0.18	-4.4	0.18	0.41	1.54

① 找钢网和钢银电商两个企业统计营收的口径有巨大区别,找钢网的平台业务(联营)只核算了作为第三方平台收取的中间费用,而钢银电商的平台业务(寄售)将整个交易额核算为营业收入。两种会计处理都有道理,但按照平台的逻辑,钢银电商的营收可能被放大了,更加接近 GMV 的概念。

资料来源:钢银电商年报。

[一] 需要说明的是,其"联营业务"就是一般定义中的平台模式,而其"自营业务"相对于传统的自营模式风险更小。

[二] 需要说明的是,其"寄售业务"就是一般定义中的平台模式。

其实，对于 B2B 电商而言，GMV 只是一个参考数据。只要观测货币化率（take rate，即收入占 GMV 的比重）这个数据就可以发现，庞大的 GMV 中能够计入营业收入的寥寥可数。其实这类企业的 GMV 中还有大量是无效的，2015 年，著名的农产品交易平台一亩田就被爆出用刷单的方式做大 GMV。

大宗交易之外，小宗交易 B2B（小额批发 B2B）价格并非如此透明，也有本地化交付的明确价值，似乎更有盈利空间。尤其是一些产品足够标准化的行业，如物流、电子元件、工业配件、MRO⊖，盈利前景似乎更加光明。

以在港交所上市的 IC 元器件自营电商科通芯城（00400）为例，即使在其以自营＋平台为主的 2013～2016 年，净利润也基本保持了亿级水平，毛利率达到 7%～8%，看起来的确是门不错的生意。

以 MRO 自营电商西域为例，其专注于 SKU 规格为长尾中段，这个部分具有规格繁多、单品量少、单品价格低、采购频率低的特点。他们的交易辐射了 36 个工业品大类，5000 多小类，100 多万规格的 SKU，4000 多品牌。说白了，这块业务往往是不少企业采购中的灰色地带，最适合用互联网的方式来提升效率和透明度。虽然西域等国内 MRO 企业都并未披露盈利状况，但参考美国、日本诞生了固安捷（Grainger）、法思诺（Fastenal）、MonotaRO 等百亿美元市值的上市公司（见表 11-3），毛利率最少都接近 30%，净利率则最少在 7%，的确也可以算作一门好生意。

表 11-3 国外 MRO 上市公司举例

	固安捷	法思诺	MonotaRO
营业收入（百万美元）	11 221	4 965	1 000
毛利率（%）	39	48	29
净利率（%）	7	15	9

资料来源：Capital IQ（FY2018 数据）。

⊖ MRO，即 maintenance, repair & operations，在生产过程中不直接构成产品，只用于维护、维修、运行设备的物料和服务。

转型方向

面对盈利困境,所有的最初扎进单纯"交易模式"的企业都迅速意识到,只有增值服务才能找到盈利空间。产业互联网和消费互联网的交易显然不同:后者更多是撮合成品交易,只要提供相应的配套保障(快递物流、售后服务、消费金融等)就好;而前者太重,往往需要更加定制化的配套服务,这也许就是盈利空间。

事实证明,这条"交易+服务模式"的路的确是正确的。基于交易流,各大B2B平台(含自营)开始提供物流、技术流(安装、粗加工等)、资金流(供应链金融)等服务,并且随着这些业务的开展而获得了盈利的希望。

2014年9月,找钢网成立胖猫物流和胖猫金融,为交易提供配套的物流和供应链金融服务。以金融服务为例,其来自使用白条的客户的商品交易额从2015年的22 700万元增至2016年的279 000万元,并于2017年进一步增至591 300万元。2019年4月,找钢网当月白条业务发生额超15亿元,对比历史最高值增长60%;同年2月底上线的胖猫易采金融产品,在次月发生额就突破了4000万元。

由于配套业务在营收中占比极小(最高为2.1%),其对于毛利水平的影响很难被察觉(见表11-4)。但参考钢银电商披露的数据,会发现这块业务的确前景可观。钢银电商作为一家以纯平台业务为主的企业,其交易业务(寄售交易服务业务)毛利率在0.3%上下,而其推出的"帮你采""随你押""任你花"等配套服务的毛利率则可达到1%以上,优势明显(见表11-5)。

表11-4 找钢网2015年~2018年上半年的收入结构

	2015年		2016年		2017年		2018年上半年	
	收入(千元)	占比(%)	收入(千元)	占比(%)	收入(千元)	占比(%)	收入(千元)	占比(%)
联营(平台)模式收入	17 880	0.30	101 327	1.10	139 973	0.80	52 968	0.60
自营模式收入	6 067 006	99.20	8 719 875	96.80	17 228 096	98.70	8 588 580	98.20

（续）

	2015年		2016年		2017年		2018年上半年	
	收入（千元）	占比（%）	收入（千元）	占比（%）	收入（千元）	占比（%）	收入（千元）	占比（%）
配套服务收入	32 603	0.50	185 519	2.10	89 439	0.50	100 410	1.10
总计	6 117 489		9 006 721		17 457 508		8 741 958	

资料来源：找钢网招股说明书。

表11-5 钢银电商2014年～2018年上半年毛利率

项目	2014年	2015年	2016年	2017年	2018年上半年
总体毛利率（%）	0.68	-1.22	0.40	0.36	0.45
寄售（平台）交易服务毛利率（%）			0.34	0.18	0.23
配套服务毛利率（%）			0.75	1.16	1.04

资料来源：钢银电商年报、中泰证券研报。

正因如此，钢银电商的战略非常清晰，也就是不断做大配套服务的规模。其配套业务收入在总营收中占比已经由2015年的3.41%放量至2018年的30.49%（见图11-1）。正因为这个原因，2018年，钢银电商实现了1.54亿元的净利润。考虑钢银电商的营收计算口径，其真实营收应该更低，真实毛利率和净利率应该更高。某种意义上，配套服务的引入完全改变了这门生意的成色。

图11-1 钢银电商2015～2018年收入构成

资料来源：钢银电商年报。

这类企业上线配套服务虽然是应有之义，但要将这类服务做好却还需要突破一重关隘——数据。

例如，大宗B2B平台通常希望通过打造供应链金融平台来寻找盈利模式，在若干企业的设想中，这里的供应链金融已经不是简单的保理、货押，而是进入了大数据质押、在线卖仓单（大规模提供结构化的金融服务）的高级模式。但此时，数据流的打通又变成了大问题，交易双方的企业不会把自己的客户、库存、现金流、账期等敏感数据轻易搬到线上，而缺乏产业数据，金融与实业油水分离，自然难以发力。某些企业依靠建立一些简单模型来进行"类银行模式"的风控，甚至有的企业还想依赖人肉监控（人盯人），这些都不是依赖在线热数据的模式，风控效果和放款效率都处于较低水平，极有可能连累平台（引发暴雷）。

对于难以赚取贸易差的大宗B2B平台，供应链金融可能是它们的主要获利空间。但对于本身存在贸易差的小宗B2B平台，金融业务的空间可能不大，更多的配套服务需求可能是本地化的交付支持，需求企业都愿意"花钱买安心"，这可能是其主要获利空间。

例如，一个MRO领域的特种润滑油交易中，为了确保润滑效果，买方通常会要求卖方进行设备清理并完成润滑油添加。这本身是个技术活，买方也不敢承担因操作不当而引发的设备故障、停机的风险，因此，他们愿意支付额外的服务费，这就是商机。但是，如果没有精确掌握买方设备的相关数据，平台的服务终端又如何能够确保交付？

无论是哪项配套服务，都需要打通交易流的数据。金融需要在线数据，没有数据难以进行及时风控；技术服务需要在线数据，没有数据难以实现本地化服务……但现实是，如果搬到线上的交易依然是浅层交易，配套服务的红利就不会爆发。

不少B2B电商企业已经意识到这一点，不约而同地把SaaS、IoT

（物联网）等关键词放到了自己的战略里。这意味着，这些企业会不遗余力地将采集数据的终端遍布整个产业链，并且将数据搬上云端。也许，到了那个时候，产业互联网又可以产生新一轮的风口。

其实，对于交易型产业互联网的发展，业界早有三部曲的定义，即信息、交易、交付（见图11-2）。最早的B2B电商是20世纪90年代末阿里巴巴推出的信息模式，其通过在网上展示信息黄页，帮助企业寻找商机、实现出货，这被称为B2B的1.0。从2013年开始，B2B电商突破黄页的传统模式，不仅帮助商家展示信息，更致力于通过平台或自营的方式促成交易，这被称为B2B的2.0。而从2016年开始，在几个先驱企业前几年的示范带领下，大量纯交易型产业互联网开始从交易进化到交付，走到了提供整体解决方案的阶段。明线上，是上下游的需求在推动平台进化，但暗线上，是互联网技术的进步让平台有了进化的可能。

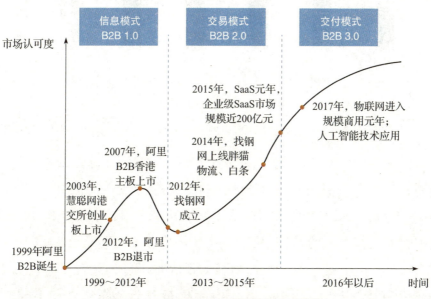

图11-2　交易型产业互联网发展三部曲

资料来源：穆胜企业管理咨询事务所整理。

资本流向

当前，B2B 电商的市场交易规模呈现稳步上升的趋势，近三年来增速一直稳定在 20% 左右（见图 11-3）。这种增速一定程度上是因为纯交易型产业互联网模式加载了配套服务的模块，但交易和服务之间本来就是水乳交融和相互促进的。另外，增速的稳定也代表模式走向成熟。可以预见的是，这种趋势还会持续，产业互联网的巨大红利才刚刚开始释放。

图 11-3　中国 B2B 电子商务市场交易规模

资料来源：网经社。

正是因为对这种趋势的判断，资本也显示了对于这个领域的信心。当然，这种信心并不是盲目扑风口的信心，而是一种更加理性的走向。一方面，B2B 电商获得融资的项目数量在 2015 年至 2017 年期间保持着连续增长的趋势，但 2017 年的增长速度明显低于 2016 年，并在 2018 年遭遇寒冬，呈现项目数量大幅下降的情况；另一方面，融资金额一直呈上升趋势，2018 年更是有一个爆发性的增长（见图 11-4）。

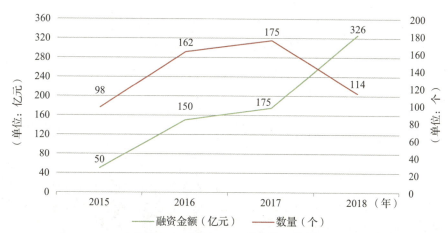

图 11-4 近年 B2B 融资情况统计

资料来源：B2B 内参，穆胜企业管理咨询事务所。

我们可以从图 11-5 中发现这种趋势。从 2016 年开始，A 轮和 B 轮的早期融资笔数占比明显缩量，大量融资流向了 C 轮和 D 轮及以后，再考虑总融资笔数减少的同时额度猛增，自然单笔额度也会更加夸张。

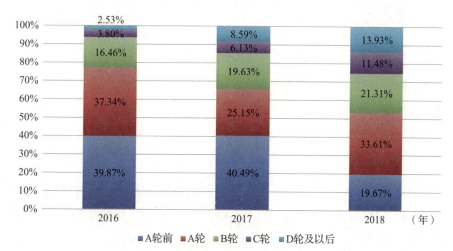

图 11-5 近年 B2B 平台项目融资轮次分布⊖

资料来源：B2B 内参，穆胜企业管理咨询事务所。

⊖ 由于 D 轮融资及以后基本属于较为成熟的阶段，合并为一项进行统计。其他融资由于融资轮次不明且占比较小，为不影响判断，特做剔除处理。

我们将2017年中国B2B电商融资前五的案例放到一起进行对比（见图11-6），2018年头部融资案例的单笔融资规模简直大到夸张，最高的汇通达拿到了45亿元人民币的投资，足见资本对于这个赛道的信心。

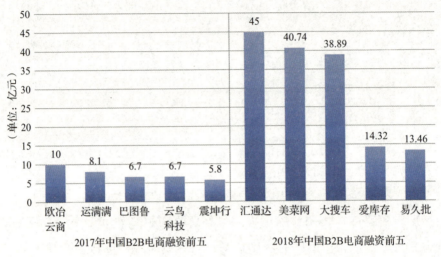

图11-6　2017年vs. 2018年中国B2B电商融资前五
资料来源：B2B内参。

其实，这是一组很积极的信号。这说明，B2B电商行业里经过了一轮红海血拼，已经在大浪淘沙之后产生了真正的头部企业，它们正走在正确的道路上。而资本已经走过了广撒网的时期，开始深谙这个行业的规律是长线投资后捕获价值井喷，并愿意用更多的耐心和更大的投入去守候被投企业开花结果。

值得注意的是，2017年和2018年中国融资前十的B2B电商大多已经不是单纯的"交易型"产业互联网模式。这些平台大多在交易模式的基础上加载了多样的配套服务，例如美菜网在做平台+自营模式的基础上，还提供了仓储和物流服务。除此之外，像汇通达这样的企业已经不能划分在"交易型"或"服务型"产业互联网的范畴，它们力图通过商品、信息、物流、金融等综合供应链服务为农村8万家小b"赋能"，不仅完成交易，更要帮助小 b 触达 C 端用户完成终端产品的交付。这种"产业路由器模式"更像是 S2b2C 模式，后续会详细介绍。其实，越是往这个方向进化，对产业渗透就越深，项目估值空间就越大。

再从行业来看投资走向，按照 2017 年的数据，获得投资额度最大的还是整车汽配、物流货代、钢铁等行业（见图 11-7）。这些行业无一例外都具有以下特点：

其一，交易结构相对标准化，易于通过线上完成。例如汽配行业就是标准件的交易。

其二，行业对于数据保密没有严格要求，数据不是核心机密，企业对于数据上线不抵触。例如，钢铁交易的数据并不需要特别保密。

其三，行业效率低下，上游需要高效出货，下游需要高效进货，都坐在"火焰山"上。例如，近年来的经济寒冬实际上是给了 MRO 平台一个机会，工厂会从料、工、费的每一个角落去精简成本，落到制造费用上，清理这个灰色地带已经是箭在弦上了。

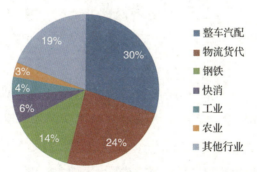

图 11-7　2017 年 B2B 平台所属行业获投融资额度占比
资料来源：托比研究。

下一步，资本助力的头部 B2B 电商企业可能会有几个发展方向：

其一，产业链数据化。这个赛道的王者必然是对数据吃得比较深的企业，这种企业必然已经脱离了单纯的交易型产业互联网模式。所以，平台加载 SaaS 势在必行，企业要么自建，要么并购。没有自建决心的，趁现在SaaS估值还不高，不妨尽早下手。阿里巴巴集团于2014年和2017年，两次投资了石基信息，于2014年投资了中信21世纪，都是为了支持自己的B2B业务，就是这类操作。○

其二，服务终端布局。基于交易走向交付的大趋势，本地化终端建设成为胜负手，这是一个超广、超重的工作。哪些企业能够用轻资产的模式进行整合，再用数据化的方式进行服务标准化，它们就有可能笑傲江湖。西域在全国诸多城市都与本地供应商以合资公司的形式展开合作，这种整合模式值得深钻，甚至可以更加轻快。

其三，流量入口建设。现在大量的B2B电商平台并没有完全感受到流量焦虑，它们获取流量的方式还是通过地面BD，而将地面客户"洗上线"的动作还不见得能产生真实流量。与此同时，一些企业已经在建设线上的流量入口。钢铁交易领域中，2016年7月，找钢网和中联钢开始合作；2016年11月，原金银岛资讯和中国化学品交易网合并成立金联创；2017年7月，欧浦智网与兰格钢铁网开始合作○……化塑领域中，2016年，我的塑料网／中晨电商推出了塑料朋友圈；2017年4月，快塑网推出了塑问产品……流量焦虑似乎在先知先觉者之间蔓延。

其实，以地面BD做B端流量的方式是这类企业现在的共同选择。不仅如此，这类企业除了拉新之外的其他运营动作（留存、激活、成交等环节）基本也是在线下完成的。尽管这些企业以"互联网公司"的姿态进入行业，搭建商业模式，但面临太重的产业端，其依然习惯用线下的方式来解决问题，并没有把线上的效率发挥到最大化。当然，这里的根源又是前面提到的"产业链数据化"的问题。未来，它们需要

○ 通过石基信息，阿里可以打通酒店市场的IT服务。与中信21世纪的协同中，阿里可以在其云计算平台上完成后台医疗健康数据打通。

○ 值得注意的是，欧浦智网近期的公告显示，收购一家信息服务领域的相关标的以失败告终。

做的，应该是基于产业的理解做线上的、数据的事，将自己彻底"互联网化"。

上述三个方面的规划，无一不是在向"互联网化"迈进。换句话说，资本会进入有这三个方面规划的企业，而在完成融资后，企业也应该把资本投入到这三个方面。

相对消费互联网较成熟的生态格局，产业互联网的世界里，创业者们还大有可为。

第十二章

十字路口上的企业级 SaaS

在 B2B 电商快速起风又迅速陷入纠结的同时，产业互联网的另外一种形式以润物细无声之势开始崛起。这就是所谓的"服务型产业互联网"，即不对供需双方的成交负责，而是基于自身功能或第三方资源，服务于企业的商业模式。应该说，提供云服务的企业大多都属于这个范畴，而其中，公有云市场显然占据绝对优势，而在公有云市场中，企业级 SaaS 又是主要形态。[○]

在这样的趋势中，一方面，美国的 Salesforce、Twilio、Taleo、Workday、Box 等标杆企业级 SaaS 公司已经成为业界明灯；另一方面，中国的企业级 SaaS 公司却无比纠结，可以说走到了十字路口。

新大陆崛起

两类企业会走入企业级 SaaS 的模式：

一类是前面提到的在盈利性上颇为纠结的 B2B 电商，在交易上加载

○ 根据 IDC 全球半年度公有云服务支出指南的最新更新预测，在 2019 年到 2023 年预测期内，全球公有云服务和基础设施支出将翻一番，五年复合增长率达到 22.3%，增长至 5000 亿美元。SaaS 将是最大云计算类别，在整个预测过程中占据了公有云支出的一半以上，而 IaaS 是第二大公有云支出类别，其次则是 PaaS。

了服务，走入了"交易+服务模式"，开始为需求企业提供整体解决方案。 事实证明，无论是促进交易，还是提供服务，都离不开 SaaS 这个技术底层。对于这类商业模式，我们暂且不在本书进行分析。

另一类是因为寻找到了企业的某些需求而形成的"独立服务模式"。 这是我们关注的重点。这些需求包括企业经营管理过程中所需的团队沟通、研发、营销、销售、人力资源、财务、法务等，这是"切专业"。当然，除了基于专业的模式，也有基于行业提供上述综合解决方案的模式，这是"切行业"。原来，这些需求更多是通过企业内部信息系统的方式来解决的，商业模式是企业向软件公司购买软件。而这类模式更像是"ERP的云化"，通过推动企业上云，使其获得源源不绝的数据、算法、资源支持。

其实，服务模式和交易模式之间的界限并非泾渭分明，而理解这一点对于我们定位商业模式并甄别其价值有着至关重要的作用。

如果服务模式所提供的服务来自第三方，某种程度上说，这也是一种交易模式。比如，当找钢网为钢材交易的双方提供供应链金融服务时，如果其放贷资金并非来自自有资金，实际上就是在撮合贷款企业和资金提供者（如银行）之间的交易。又如，当薪人薪事与罗辑思维得到App进行战略合作，为企业提供培训服务时，其培训讲师显然并非薪人薪事自有，这实际上也是在撮合需求企业与内容生产者之间的交易。

所以，区分服务模式和交易模式的关键在于是否掌握"基石交易"。所谓"基石交易"有如下特点：

⊙ 交易量巨大。
⊙ 交易频率高。
⊙ 交易在下游企业成本结构中占比较大，是其产品的主要构成部分（之一）。

例如，对于一个制造企业来说，购买钢材和其他主要材料、人工、研发设计等就属于基石交易，而其购买的培训服务不属于基石交易。

交易模式中，B2B电商掌握了"基石交易"，其他服务是基于这种"基石交易"而产生的；而服务模式中，企业级SaaS并不掌握"基石交易"，仅仅提供基于交易的配套服务，甚至这种服务还有可能与交易根本没有太大关系。

这决定了两类商业模式的不同定位：对于B2B电商，应该极力控制基石交易并让交易上线，只有这样才能产生后续服务收入的庞大空间。这意味着企业一定要对交易场景有深度理解，要在行业里面"扎进去"。而对于企业级SaaS，应该极力让产品变得轻快，最好能够即插即用，适应不同行业或客户的需要，只有这样才能产生更大的销量，甚至挖掘客户企业大量数据上云后的红利。这意味着企业一定要对工具本身有深度理解，要从行业里面"跳出来"。

应该说，国内对于企业级SaaS这类商业模式的价值认识是持续深入的。不妨回顾一下SaaS企业的发展历程：第一阶段是2003年到2009年，从萌芽开始，但一直不温不火；第二阶段是2010年到2015年，在2010年云计算概念被炒热后，迅速掀起了一轮热潮，直至2015年，这种热潮达到顶峰，各个赛道都被迅速占位；第三阶段是2015年之后，各个赛道开始出现头部企业，新兴冒出来的企业自然减少。具体如图12-1所示。

在这一过程中，资本市场也逐渐对SaaS投入了青睐。从2016年开始，中国企业级SaaS的融资笔数总体持续攀升，至2018年达到顶峰。⊖按照融资笔数/SaaS企业总数的口径，这个数据总体来看也是持续上涨的。尤其是，2015年左右的SaaS热潮中成立的优秀企业，在随后成长迅速，大量获得融资。具体如图12-2所示。

⊖ 有数据显示，2019年受经济寒冬影响，企业级SaaS融资笔数开始下降。

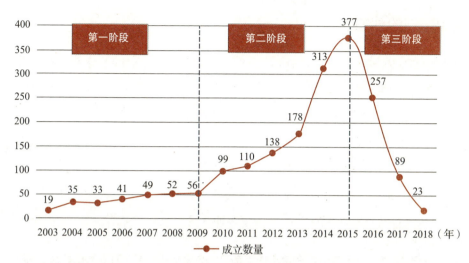

图 12-1　中国 SaaS 企业成立年份统计图（2003～2018 年）
资料来源：穆胜企业管理咨询事务所根据天眼查资料整理。

图 12-2　中国企业级 SaaS 总数及融资情况统计（2010～2018 年）
资料来源：穆胜企业管理咨询事务所整理。

做工具还是做平台

尽管投资的笔数增加，但中国的 SaaS 企业一直面临估值不高的尴尬。

天壤之别的估值

我们可以做一个简单的统计，中美估值排名前十的SaaS企业上市公司之间估值差异巨大。再把对比口径切换到同赛道的企业，以CRM赛道为例，截至2019年6月，美国的Salesforce市值为1233亿美元，而中国的和创科技市值为46.3亿元，Salesforce市值几乎为和创科技的181倍。中国另一聚焦于CRM专业的公司纷享销客估值更为寒酸，根据其公开的最新融资状况估计，估值仅为24亿元。

中国市值排名前十的上市SaaS企业如表12-1所示。

表12-1 中国市值排名前十的上市SaaS企业（截至2019年6月）

排名	公司名称	2019年市值（亿元）	2018年营业收入（亿元）	2018年净利润（亿元）	2018年销售净利率（%）
NO.1	用友网络	663	77	8.1	10.52
NO.2	广联达	368.8	28.6	4.93	17.24
NO.3	金蝶国际	221.7	28.1	4.12	14.66
NO.4	泛微网络	103.7	10	1.14	11.40
NO.5	微盟集团	92.6	8.65	0.5	5.78
NO.6	二六三	80.7	9.2	0.74	8.04
NO.7	随锐科技	65.0	4.8	0.32	6.67
NO.8	和创科技	46.3	1.3	-0.44	-33.85
NO.9	校宝在线	9.9	0.9	-0.72	-80.00
NO.10	点点客	1.3	3.0	-1.44	-48.00

资料来源：穆胜企业管理咨询事务所整理。

美国市值排名前十的上市SaaS企业如表12-2所示。

表12-2 美国市值排名前十的上市SaaS企业（截至2019年6月）

排名	公司名称	2019年市值（亿美元）	2018年营业收入（亿美元）	2018年净利润（亿美元）	2018年销售净利率（%）
NO.1	Microsoft	9 742	1 259	368.3	29.25
NO.2	Oracle	1 868	393	110.83	28.20
NO.3	SAP	1 545	247	40.83	16.53
NO.4	Adobe	1 359	90	25.94	28.82
NO.5	Salesforce	1 233	133	11.1	8.35

（续）

排名	公司名称	2019年市值（亿美元）	2018年营业收入（亿美元）	2018年净利润（亿美元）	2018年销售净利率（%）
NO.6	Intuit	634	60	-0.16	-0.27
NO.7	Service now	508	26	-0.27	-1.04
NO.8	Workday	452	28	-4.2	-15.00
NO.9	Autodesk	381	26	-0.8	-3.08
NO.10	Atlassian	309	9	-1.2	-13.33

资料来源：穆胜企业管理咨询事务所整理。

中美 SaaS 企业市值对比如图 12-3 所示。

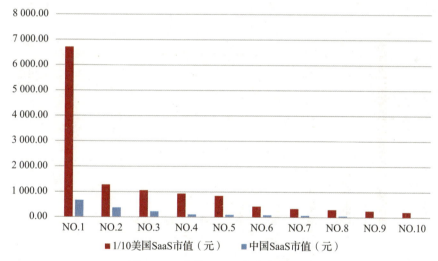

图 12-3　中美 SaaS 企业市值对比

资料来源：穆胜企业管理咨询事务所整理。

其实，估值背后也是对于经营状况的真实反映。

从营收规模上看，美国 SaaS 企业的营收远远超过中国 SaaS 企业，尽管这种营收差距还因为前者有其他云服务的支撑，但绝对能说明美国 SaaS 企业发展成熟度要远高于中国 SaaS 企业。事实上，美国的 SaaS 企业从 1999 年兴起，发展到现在已经相当成熟。以微软和 SAP 为代表的巨头，在 SaaS 浪潮到来时，尽管反应较慢，但还是在 2013～2014

年期间集中精力完成了向 SaaS 的成功转型。而中国 SaaS 企业正处于探索与快速发展阶段，从体量上自然无法与美国 SaaS 匹敌。

从净利率上看，除了部分头部的明星企业（Microsoft、Oracle、Adobe）外，中美 SaaS 企业之间差距并不大，这体现了行业的一般规律。明星企业的出彩，还是在于其经营上的规模效应。而在前十中排名靠后的中国 SaaS 企业普遍存在比较严重的亏损，这更多是因为其在发展初期需要在研发和销售上大量投入，这也是可以理解的。

中美 SaaS 企业营收 & 净利率对比如图 12-4 所示。

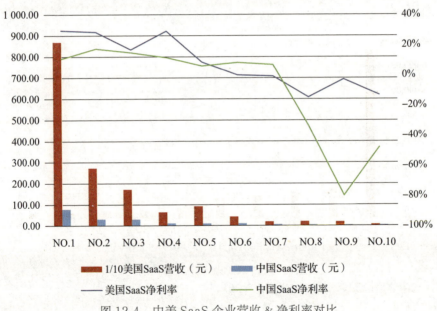

图 12-4　中美 SaaS 企业营收 & 净利率对比
资料来源：穆胜企业管理咨询事务所整理。

估值背后的逻辑

其实，估值一方面反映了经营状况，另一方面也反映了资本市场对于公司前景的判断。总结起来，企业级 SaaS 在中国遭受冷遇，可能有如下几个原因：

一是商业生态的成熟程度不足。一个成熟的商业生态内一定有多物种，而每个物种之间的分工是很明确的。即使做工具，只要能够把工具做到极致，也有巨大的成长空间。这也是国外 SaaS 企业估值极高的原因。但在中国并非如此，大家并没有分工协作的意识，都喜欢一拥而上抢占最关键的"战略要地"。所以，几乎所有的企业级 SaaS 都希望把自己做成一个平台，希望能够拥有"基石交易"。

这些企业的考虑是，基石交易好比修好了一条路，而后的各种服务就是在这条路上跑车。正是基于这个原因，拥有基石交易的 B2B 电商似乎更有想象空间，一般拥有较高估值。反观企业级 SaaS 则遭受了资本市场的冷遇。资本的观点很简单，SaaS 更像是一辆车，如果没有路，性能再好似乎也不可能跑出效果。但是，要打造平台可没那么简单，不仅需要有好的工具做底层，还要有一系列的运营手段和重金投入，这不是所有 SaaS 企业都耗得起的。但 SaaS 企业们却有着无与伦比的执着，在中国，每个 SaaS 企业的老板都有个"平台梦"。

二是大量客户的管理基础太弱。换个角度看，如果某个中国 SaaS 企业愿意专心做工具，是否就能达到 Salesforce 的那种估值呢？其实可能性也不大。欧美市场上企业级 SaaS 的繁荣，更多是因为各种体量的企业在管理上都相对成熟，SaaS 的赋能能够有效嵌入。而中国企业显然没有类似的管理基础，好多企业在管理上尚且没有从 0 到 1，要用 SaaS 来让它们从 1 到 n，企业根本没做好这个准备。自然，要从为企业的深度赋能上收费也无从谈起。

企业级 SaaS 一般是通过免费开放"基础功能"和"有限使用人数"的方式来推广的，企业的付费来自"增加功能模块"和"增加使用人数"。但现状是，企业往往只需要免费的基础功能来实现管理上的从 0 到 1，而且还经常是 1 个号 100 个人用。其实，这种现状也说明了这种管理在线的产品并不是企业现阶段的必需。

当然，我们认可中国 SaaS 的市场还处于启蒙阶段这个假设，也许当前的低估值只是暂时的。

做专业还是做行业

前面谈到 SaaS 企业的两类定位，一是切专业，二是切行业，企业的二选一几乎是必答题。最初，企业更习惯于从专业切入，期待将某个管理领域的工具做到极致。资本也认可这个逻辑，所以，专业（业务）垂直型项目融资在笔数上要多于行业垂直型项目。但在 2018 年，这个数据突然颠倒了过来，行业垂直型的 SaaS 企业开始得到更多关注。

中国企业级 SaaS 融资事件数量（2017～2018 年）如图 12-5 所示。

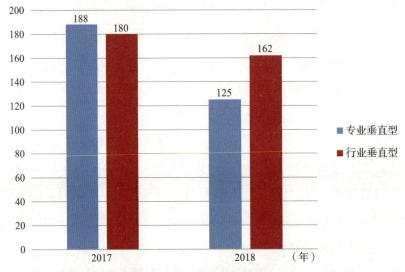

图 12-5　中国企业级 SaaS 融资事件数量（2017～2018 年）
资料来源：艾瑞咨询。

凤毛麟角的幸运儿

当然，从市场规模上看，专业垂直型 SaaS 仍然是更大的市场。

2018年中国行业垂直型SaaS市场规模达到103.3亿元，整体规模依然略小于专业垂直型SaaS的140.2亿元。其中，零售电商行业的SaaS市场规模最大，约占行业垂直型SaaS的26%。C端消费需求的变化，让新零售、智慧零售、无界零售等概念兴起，零售电商SaaS的年增长率达到惊人的66.2%。

但其实，企业并不简简单单需要一个个模块上的SaaS工具产品，即使这些工具能够满足基础的需求，也无法渗透到企业的业务流中，无法产生深度的黏性。况且，一个小小的人力资源管理领域都充斥着招聘、薪酬、社保、培训、人才测评等诸多类别的SaaS产品，一个企业要基本满足各类管理需求，难道要购入100多个SaaS产品？

企业真正需要的是基于行业的管理解决方案，但现状是国内的SaaS企业都还处于初生期，亟待成熟。

大量专业垂直型SaaS对于行业渗透不深，产品浮在水面上，壁垒不强，赛道早已成为一片红海。其实，所谓的专业垂直这条路很难走通，小企业几乎不需要管理软件，即使需要，付费能力也极其有限。而有付费能力的大企业需要深度定制，但不扎到行业里，这又无从谈起。不少专业型垂直SaaS在资本的助力下拓展市场，但由于软件功能太过简单，无法形成真正的黏性，续费率极低。烧钱烧出来的市场，最后被证明纯属"伪繁荣"。

像钉钉这类已经"走出来"的头部企业凤毛麟角，原因有二：一是这类企业的专业相对通用，不用深入行业，即处于所谓的"明星赛道"上，如办公的钉钉、协作的明道、文档管理的WPS和一起写等；二是背后有大资本的支撑，让其可以用暂时放弃盈利性的方式迅速发展，在一定的时间窗口内迅速完成对赛道的占领。大资本的支撑，很大程度上也是期待这些企业从需求高频且相对通用的领域切入，快速形成入口，并在未来布局为全套解决方案。相对来看，钉钉原来的竞争对手纷享销客已经转型向行业切入。

行业里的苦行僧

在这样的形势下，其他的专业垂直型的 SaaS 必然首先聚焦重点行业，只有这样才能让自己的专业足够落地。在此之后，行业会衍生新的需求，倒逼专业垂直型 SaaS 外拓专业，形成行业的解决方案。

以销售管理的赛道为例，纷享销客、红圈营销和销售易这类企业都是这种节奏。首先，专注于营销专业，在产品上打造通用模块；然后，向重点行业拓展，进行个性化匹配，实现精准服务；最后外拓专业形成行业的综合解决方案。销售易自 2012 年推向市场，核心产品为"销售云"，为企业提供从市场营销获客到销售管理的自动化服务。在深耕行业的过程中，他们从销售管理向外围延展服务链条，逐渐推出了连接渠道伙伴的"伙伴云"和实现跨部门资源调动的"客服云"，形成了销售管理领域的全系解决方案。

行业垂直型 SaaS 可能更具优势，但它们也需要快速集成若干专业，扎进行业里。所以，行业垂直型的 SaaS 必然外拓专业，形成行业解决方案，以期更好地赋能行业客户。在此之后，这种解决方案才有可能被推广到近似的行业，直至企业达到能力边界的尽头。当然，这一步需要很谨慎，毕竟隔行如隔山。

就目前来说，往行业里扎是两类 SaaS 企业共同的选择，因为只有解决方案的价值让客户产生足够的获得感时，商业模式才能够成立。在让客户达到那个程度的获得感之前，所有企业都必须当行业里的苦行僧。这种趋势也被前面给出的资本流向验证。而在此之后，SaaS 企业可能才有资格选择"切行业"还是"切专业"。

一个颇具争议的方向是，有的企业为了深入行业，贴近大客户需求，甚至已经仿效国外的 Salesforce 等标杆，进军了 PaaS。红圈营销、销售易、有赞、明道、北森、网易云信等企业都是这条路径上的支持者。它们认为 SaaS 层面已经不能提供客户需要的获得感了，尤其是具备支付能力的大客户，迫切需要更深度的定制化。而 PaaS（国内主要是做 APaaS，即 application PaaS）支持了 ISV（independent software vendor，独立软件开发商）和客户的快速自主开发，借助生态的力量实现了这种效果。当然，这样的方式也需要巨大的投入，盈利性和易用性都必须有庞大客户规模的支撑，在当下国内 SaaS 企业所处的阶段上，被认为可能是个"坑"。

在这个深耕行业的阶段，行业垂直型企业的优势可能会更大一点。因为靠近企业客户，它们天然更快一步，而且其组织能力几乎不用太多迁移。而专业垂直型企业则需要先让自己的专业实现行业定制，而后才能形成行业解决方案。此外，它们还需要重塑打法，例如，纷享销客以前的 BD（业务拓展）模式可能是地面扫楼，但如果真的按照其聚焦重点行业的方向来转型，BD 模式需要变成"专家顾问式"。

路在何方

从当前的情况来看，SaaS 企业独立上市的前景并没有如预期般一帆风顺。我们统计了典型的 SaaS 类新三板上市公司，结果发现除了明锐科技一家外，其余的企业要么亏损，要么退市。当然，企业在退市时都会以"业务发展、战略调整"为退市理由。但深究之下，大多还是因为公司盈利不佳，原来预期的以新三板作为跳板来转创业板、科创板、主板的计划落地无望。另外，这类企业盈利不佳，公司发展又急需资金，而新三板交易量小，融资有一定的难度，所以不得不重回一级市场。

中国企业级 SaaS 新三板上市公司发展情况统计表如表 12-3 所示。

表 12-3　中国企业级 SaaS 新三板上市公司发展情况统计表（单位：亿元）

具体企业	所属领域	上市板块	2017 年市值	2019 年市值	2018 年利润
随锐科技	会议系统	新三板	74.9	65	0.32
和创科技	CRM	新三板	45.2	46.3	-0.44
北森云	HRM	新三板	25.2	退市	—
客如云	餐饮 SaaS 系统	新三板	8.1	退市	—
蓝海讯通	ITOM	新三板	6.1	0.6	-0.44
明源软件	房地产 SaaS 系统	新三板	5.2	退市	—
校宝在线	教育 SaaS 系统	新三板	4.2	9.9	-0.72
点点客	店商 SaaS	新三板	3.1	1.3	-1.44

资料来源：穆胜企业管理咨询事务所根据企业财报整理。

理性来看，当前中国的 SaaS 企业要打的是一场持久战，期待它们独立实现庞大的营收和利润在短期内不太可能，撑到 IPO 更不现实，"出嫁"反而是一种更好的归宿。因为投资者可能会从盈利性之外的维度来看待 SaaS 的价值。具体来说，出路可能有两条：

一是"嫁"给传统软件公司，如用友、金蝶、东软等。这类企业很明白趋势在哪里，也有足够的耐心（不会像风险资本一味追求短期回报），愿意用购买资产来转型，拥抱云业务（buy to cloud）。

二是"嫁"给互联网平台企业。这类企业本身拥有平台，需要 SaaS 工具提供的底层支持，它们本身就在建设 SaaS，外部的并购只是加速这个建设过程而已。所以，它们期待的不是 SaaS 企业本身的盈利性，而是 SaaS 嵌入后能够带来的"协同效应"。如阿里巴巴于 2014 年和 2017 年，两次投资了石基信息，于 2014 年投资了中信 21 世纪；再如美团于 2018 年投资了屏芯科技；又如猎聘网于 2019 年投资了薪宝科技……

基于中国当前的商业环境，后者可能是 SaaS 企业更大的前途。从这个意义上说，SaaS 对于互联网行业的价值，才刚刚开始释放。

第十三章

S2b2C 赛道里的野心与现实

当产业互联网"起风"之时,绝大多数人似乎都认为这是一条明确的"赛道",要么是交易型的"B2B 电商",要么是服务型的"企业级 SaaS"。但当 B2B 电商在盈利性上陷入纠结,当企业级 SaaS 遭遇中国困境时,人们似乎发现了两种模式的局限。

产业互联网就像一片黑夜里的大海,你永远不知道它的边界在哪里,有多少红利,又有多少风险。要往深海里走,我们可能还需要一种更具穿透力的产业互联网商业模式。

跑出来的"产业核弹"

产业互联网不同于消费互联网:在消费者世界里,即使消费者千人千面,依然能够用一些通用逻辑来构建商业模式;而每个产业都是一个江湖,都是不同的产品属性、利益相关方、协作关系、交易结构……相对难以提炼共性。

排除少数相对标准化的特殊行业,中国大多数行业都是非标准化的,其典型特点是乱象丛生。要用互联网穿透这些行业,仅仅为行业里的玩家提供一个环节或一类产品的赋能是绝对不够的，他们更需要的是互联网对于全产业链条的渗透。

从这个意义上说，阿里巴巴总参谋长、湖畔大学的曾鸣教授提出的S2b2C可能是正确的模式。他认为，这些行业里存在大量的小商户b（用小b表示体量），它们高度分散，是各个领域的地头蛇，有接触和搞定C端用户的强大能力，但缺乏标准化供应链S的支持，因此难以做强做大。它们需要一个供应链平台S，来提供立体化的赋能（服务），放大它们与C端用户之间的交易规模。

这种模式的强大威力在于，搭建平台的企业利用了b的强大渗透力，能够将供应链的威力发挥到极致，一直传递到C端用户，这就从整体上重构了产业链。这种无孔不入的渗透力，甚至可以颠覆那些B2C类的大平台。

具体来说，曾鸣教授也定义了供应链赋能由浅入深的几个阶段：提供SaaS化工具（基础工具）、实现资源的集中采购（降低成本）、实现共同的品质保证（服务定制化+品质标准化）、整合集成服务网络（整合产业链）、提供数据智能支撑（快速精准的市场反应），越是往后，价值越大。显然，在达到最高等级的赋能后，全产业链都已经实现了在线化、数据化和智能化，其中的盈利空间自然让人遐想。如果说，这种模式是改造产业链的一颗炸药，用"核弹"来形容其威力丝毫不夸张。

类似模式自然受到了资本的强烈关注。我们对市面上比较受认可的S2b2C模式最新一轮的融资情况进行了统计（见表13-1），发现其普遍呈现了高估值。例如，汇通达一轮融资就拿到了45亿元人民币，位列2018年度B2B电商融资额⊖的TOP1。这种理念无疑刺激了诸多创业者的野心，一时间大量互联网公司都宣称自己在做S2b2C。

⊖ 如果不把S2b2C模式从B2B电商中分离出来的话。

表 13-1 S2b2C 企业最新融资情况统计

行业	S2b2C 企业	最近融资	融资轮次	融资金额	最新估值	投资方
电商（新零售①）	汇通达	2018-04	战略融资	45 亿元	200 亿元（2018）	阿里巴巴
	1919	2018-10	定向增发	20 亿元	40.8 亿元（2019-09）	阿里巴巴
电商（线上）	云集	2019-05	IPO 上市		13.44 亿美元（2019-09）	IPO
	爱库存	2018-10	B+ 轮	1.1 亿美元	未披露	创新工场、GGV 纪源资本、众源资本、黑蚁资本
房产家装	蚁安居	2018-07	A 轮	未披露	未披露	红星美凯龙
	土巴兔	2015-03	C 轮	2 亿美元	未披露	58 同城、红杉资本中国、经纬中国
汽车	大搜车	2018-09	F 轮	5.78 亿美元	34 亿美元（2018-09）	春华资本、晨兴资本、阿里巴巴等
教育培训	校宝在线	2018-08	定向增发	1 亿元	9.86 亿元（2019-09）	杭州恒生智能系统集成有限公司、万融资本等

①现实中，一般把线上+线下的这类模式看作更典型的"新零售"。
资料来源：穆胜企业管理咨询事务所整理。

但根据我们的观察，大多数 S2b2C 的商业模式都是跑出来的，而不是一开始就设计好的。大多号称已然是 S2b2C 模式的企业，应该还只是"在路上"。

路径 1：B2B 电商的进化升级

一类 S2b2C 的企业是从 B2B 电商进化而来的，这种进化沿着一个固定路径（见图 13-1）。

一方面，B2B 电商在发展过程中会发现自己的掣肘在于缺乏坚实的数据底层，交易模式走不下去。另一方面，企业级 SaaS 会发现自己仅仅作为一个工具，难以发挥最大威力，服务模式也异常纠结。所以，两者会出现融合，B2B 电商必然依托企业级 SaaS 补上自己最大的短板，并基于数据底层提供各类综合服务，如金融、物流、加工等，形成"供应链解决方案"。

B2B 电商向 S2b2C 进化路径如图 13-1 所示。

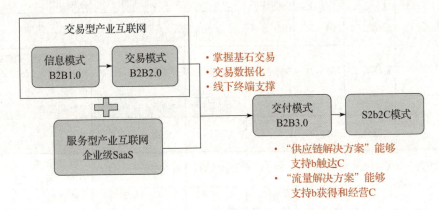

图 13-1　B2B 电商向 S2b2C 进化路径

资料来源：穆胜企业管理咨询事务所。

当这种商业模式具备了三大条件，就会进入下一个阶段——交付模式。

一是平台掌握了产业链中重要的基石交易，或者说，平台给予了下游生产产品或提供服务的最重要一类供应链支持。

二是平台让这种交易线上数据化，这里不是线下交易，线上输入一次数据的"伪数据化"，而是交易自动在线上走。

三是平台具备了功能强大且有效布局的线下终端，能够提供交付和后续服务支持，毕竟，to B 交易不同于 to C 交易，可以基于标准品实现轻快出货，还是需要若干辅助的（如安装、加工、特殊配送、技术咨询等）。

这种交付模式已经拥有了巨大的威力，但要实现对于产业链的渗透，还远远不够。要走向 S2b2C 模式，还需要两个条件：

其一是在供给侧，交付的"供应链解决方案"要足够强大，足以赋能众多分散的小 b 实现成长，帮助它们实现与 C 端用户的交易，而不仅仅是让大 B 好上加好。其二是在需求侧，能够为小 b 提供 C 端的"流量解决方案"，帮助小 b 做私域流量的拉新、留存、激活、成交，甚至还要搭建平台原生的公域流量池（流量不是倒卖来的）。

"供应链解决方案"是 B2B 电商原本的基因，而"流量解决方案"却并非它们所长。后一类赋能需求在曾鸣教授定义的 S2b2C 模式中也没有谈到，在其描述中，b 天然具有连接 C 端用户的专长。但我们的观察是，b 也缺流量，部分具有流量的 b 更缺乏经营流量的能力。我们后续会分析到，这种赋能如果缺位，将是平台向产业渗透的硬伤。事实上，现在的 S2b2C 平台多多少少都会向 b 提供此赋能，否则根本不足以让人家对平台的解决方案产生兴趣。此外，这种赋能也是实现产业链数据在线化的关键。否则，大量 b 服务 C 的过程是不在线的，S 完全无法参与，仅仅沦为一个综合供应商。

路径 2：B2C 电商的回归本质

另一类 S2b2C 的企业来自 B2C 电商的妥协。原本，它们手持流量（或者有资本托底来买流量），想用"互联网+"的逻辑在各个产业实现"去中介化"，打掉 b 这类中间商，最后却被证明是个伪命题。

各个产业太深了，除了一些交易结构已经很明确的产业，其他则很难渗透进去。这些产业里，冗长的产业链条其实是有原因的，b 有其价值。但"互联网直男们"眼见有中间商，感觉毛利空间太大，就用自己的粗暴方式去渗透，结果反而不得其法，最终只会沦为"卖端口"（卖广告）的流量贩子。换句话说，B 和 b 都可能从这个平台上买流量、打广告，但平台却不能促成交易，这对行业哪有什么颠覆？说到底，这些行业的痛点并不是这些，线上交易并不能解决这些问题。

最典型的例子是,阿里、京东、苏宁等企业都高调进入房地产经纪领域,号称要颠覆这个行业,以为用流量就可以撼动一个行业,但房地产交易是多"重"的交易链条,难道直接向C端用户推送流量就能达成客户成交?事实上,这也是很多深入产业的玩家的错误逻辑。爱屋吉屋已经牺牲自己证明了这个简单的道理,金色家园网、房通网、平安好房等的低佣金甚至0佣金政策也纷纷宣告失败……

其实,这是"消费互联网"和"产业互联网"两种思维的碰撞。前者的逻辑始终是"颠覆",希望搭建在线交易平台,压缩交易环节,提高交易效率。但是,相对于消费端的顺利整合,这种思维在产业端的进展似乎不太顺利。而后者的逻辑是"赋能",希望搭建在线产业平台,拉通数据链条,提高产业内资源配置效率。这可能才是互联网与产业结合的真正出路。关键的区别,在于两者对"中间商"的态度不同(见表13-2)。

表13-2 "消费互联网"和"产业互联网"的思维碰撞

	消费互联网	产业互联网
中间商定位	中间商在赚差价——用互联网的信息穿透来打掉它们	中间商有其价值——不应该打掉它们,而应该赋能它们
交易可结构化程度	交易可以结构化——用互联网的交易编码来打掉它们	复杂交易很难结构化——互联网的交易编码仍然无法替代人工撮合
用户选择理性	用户具备选择的理性——只要呈现无限的产品就行了,他们会自动做出选择	用户不具备选择的理性——呈现无限的产品反而让其错乱,应该有导购功能
用户自发黏性	用户具有自发黏性——只要花钱在消费端导流,自然会形成使用习惯	用户不具备自发黏性——与其花钱在消费端导流,不如在产业端导流,即控制了产品的流向就控制了用户

资料来源:穆胜企业管理咨询事务所。

回到上述房地产经纪领域的案例。房多多是典型的"行业赋能者",意识到房地产经纪人这个b才是行业活力的源泉,于是,根据不同类型房地产经纪人的需要,基于SaaS系统,将人(管理系统)、客(C端流量)、钱(金融服务)、盘(房源)四类资源做成了十几类线上产品,让四类资源在房地产经纪人成长的过程中被在线随需调用,真正实现了"场景化赋能"。至今,房多多不仅在估值上成为独角兽,更达成了数亿级别的利润水平。

还有一些 B2C 企业也在回归本质,从"给流量"到"给供应链"。2008～2014 年,土巴兔处于发展初期,定位是典型的 B2C 企业,可以看作是一个信息撮合的平台,即帮助 C 端用户找到合适的装修公司,解决装修行业的信息不对称,其聚焦于将家装的各种商品或服务(设计、主材、辅材、定制家居)搬到线上。而后的 2015 年～2017 年上半年,为了保障质量并实现服务的落地,他们也尝试了自营家装承包业务,从裁判员变成了运动员,成了装修公司的"对头"。这段时间里,其家装承包业务占比逐年增长,到 2017 年收入贡献过半。而 2017 年下半年至今,他们发现自营模式太重,根本无法吃透产业,于是果断收缩并转型 S2b2C(自营业务收缩至占营收的 20.85%),开始为装修公司这类 b 提供培训、集采、导购宝、SaaS 工具、会员管理、全屋定制及质检等服务赋能。这不仅直接带来了毛利率从 2017 年的 56.62% 上升到 2018 年上半年的 80.33% 的效果,用户转化率和签约率等关键数据表现也大幅提升。

中国有太多的非标准化行业,这些行业绝对不是仅仅用流量可以打穿的。如果没有平台作为 S 提供的"供应链解决方案",即使用流量"勾引" b,也不可能形成持续的黏性。现实点说,如果你本来是流量端口,就会彻底变成一个卖端口的;如果你不是流量端口,就会陷入深不见底的流量战争。所以,"流量解决方案"并不是直接简单粗暴地给廉价流量,而应该是给出运营私域流量的工具方法,甚至要搭建原生的公域流量池。

正是因为这个原因,笔者更看好产业里的深耕者,他们不会从 C 端流量的思路上去走捷径,这让他们更容易找到赋能 b 的正确姿势。退一步说,即使在"流量解决方案"上赋能乏力,他们至少可以让自己的商业模式在一个有限的范畴内逻辑自洽，不会以烧钱买流量的方式"自焚"。

浮华背后的隐忧

至今为止，已经有太多的企业用 S2b2C 来标识自己，但真正"走通"的企业寥寥无几。事实证明，S2b2C 这颗"产业核弹"没那么好造，大量企业可能还需要调整姿势。

我们选取了公众相对熟悉的电商赛道来进行研究，进一步，为了避免没有数据而谈论商业模式的尴尬，我们研究了两家 S2b2C 商业模式的上市公司——美股上市的云集⊖（零售）和新三板上市的 1919㊀（酒类零售）。其中，云集赋能线上个体店主，属于新兴的线上会员制电商；1919 赋能线下酒类经销门店，可以算作线上线下结合的"新零售"。两种模式的比较（见表 13-3），有点像是让飞机对战坦克，但需要说明的是，我们并非为了判定企业优劣，而是为了发现一些有意思的关于模式的结论。

表 13-3　云集 &1919 赋能模式对比

赋能分类	赋能模式	云集	1919
供应链解决方案（供给侧）	SaaS 工具	一键开店	门店管理系统
	资源集中采购	平台买手品牌直采	国内外多家酒类供应商直采
	共同品质保障	PICC①正品保赔	4M②全程品管系统
	集成服务网络	集成客服、内容、培训、IT 系统、仓储配送等服务	集成订单处理、采购供应、仓储物流、数据营销服务
	提供数据智能	用户画像数据	用户画像数据

⊖ 2018 年 4 月云集媒体沟通会上，云集创始人兼 CEO 肖尚略将云集的模式归结为 S2b2C。其中，云集就是云的集合，通过控制商品供应链、物流、IT、客服等云资源开放给 b（店主），由 b 和消费者之间实现互动连接。

㊀ 1919 在年报中披露，"1919 以 B2C 和 B2B 相结合的模式……1919 定位为'酒饮服务解决方案和运营平台'……实现了从销售型公司向平台型公司的进化。"其模式符合 S2b2C 的特征，在外界的评论中，也普遍将其归类为这一模式。

（续）

赋能分类	赋能模式	云集	1919
流量解决方案 （需求侧）	私域流量运营	App 内的类"朋友圈"功能	
	公域流量运营	线上 App 引流	体验店和线上 App 引流，提供 CRE 会员管理[3]

① PICC，中国人民财产保险股份有限公司，简称"中国人保"。云集与 PICC 合作签订正品保赔，保证每件产品百分之百正品。
② 4M 全程品管系统：溯源管理——产品来源可追溯；空间管理——仓储环节可监控；产品密保管理——高科技技术可防伪；销售行程管理——物流行程可追踪。
③ CRE 会员登记系统功能是会员管理，自动根据顾客到这儿购买的频率和金额形成等级，1919 的会员有 13 个等级，由此导致每件商品具体的价格不一样。
资料来源：穆胜企业管理咨询事务所整理。

可以发现，两个样本企业基本具备了 S2b2C 企业的特征。那么，这种模式是否释放了预期中的威力呢？

首先，比较经营结果。b 的增加带来了营业收入的增加，但却没有体现出供应链平台集中赋能的规模经济优势，成本费用也同步上涨，这导致了营业利润一直为负。当然，这可以视为企业在扩张期里的策略，企业也许需要形成更加庞大的 b 流量池，以便辐射更多的 C 端流量，最后累积到一定量级再爆发规模经济的效果。其实，这也是大多数互联网企业都喜欢诉说的财务模型，只要融到的钱能烧得下去，资本也接受，所以，这个层面的逻辑没有太大问题。

其次，我们横向比较期间费用。我们发现，两个企业的期间费用飞速上涨，但基本都是量入为出，即基于毛利空间来支出。云集的毛利率为 20% 左右，1919 的毛利率为 10% 左右。这很好理解，云集上有相当部分都是"两低一高"的产品，即成本低（如 20 元的面膜）、单价低（零售价 200 元，用户比较容易决策）、定倍率高（10 倍，利润空间巨大）；而 1919 的产品绝大部分都是相对透明的酒类，进货成本和渠道分成都一清二楚。所以，前者支出销售费用的空间显然更大，从 b 扩张的速度来看，前者也的确走得更快。但通过"销售费用／

营业收入"来分析，两者在销售效率上都没有太大的进步，相比起来，云集的效率应该相对更高。当然，我们也要考虑线上获客成本上涨的大趋势，所以，以线上获客为主的云集能够做到保持效率，已经很不容易。除此之外，两者在管理上也没有体现出更高的效率，"管理费用/营业收入"也呈略微上涨的趋势。应该说，这个阶段的企业对于效率的要求并没有那么高，"占地盘"依然是第一选择，也可以理解。

最后，应该分析S2b2C模式的出货能力（见表13-4）。一方面，可以观察存货。存货是随着经营规模的扩大而扩大的，所以比较"存货/营业收入"，云集的存货控制相当出色，在5%到8%之间，而1919则相对较"重"，在28%到37%之间。另一方面，可以观察存货周转率，存货周转率更能说明问题，云集的模式上，存货周转率最高达到近30，而1919不超过4。

表13-4 云集&1919出货能力分析

公司	指标	2016年	2017年	2018年
云集	存货（亿元）	0.97	3.33	6.76
	营业收入（亿元）	12.84	64.44	130.15
	存货/营业收入（%）	8	5	5
	存货周转率	13.18	29.96	25.82
1919	存货（亿元）	7.99	12.29	11.13
	营业收入（亿元）	28.87	33.56	38.72
	存货/营业收入（%）	28	37	29
	存货周转率	3.61	3.31	3.31

资料来源：穆胜企业管理咨询事务所根据公开财报整理。

进一步从效能（efficiency）角度分析，我们关注每个b产生的营业收入（见表13-5）。b的数量在增加，营业收入也在增加，但究竟单个b的营业收入是不是增加了？这显然是衡量赋能效率的关键，也是衡量S2b2C对产业链效率（出货能力）提升的关键。云集的b增长趋势相当可怕,这是由其会员制社交电商的属性决定的。1919 的 b[①](门店)增长相对稳健,这是由其线下展店的属性决定的。虽然其一度提出了堪称疯狂的展店计划,但从效率的角度看,云集可能表现更好,尽管 2018 年的 b 数量增加了 155%,但在这样急速的增长下,每个 b 产生的收入并没有大幅下降(虽然较 2017 年有所下降,但依然高于 2016 年)。而 1919 在 b(门店)数量以每年 10% 左右的速度增长的同时,每个门店产生的营业收入以每年 10% 的速度下降。

表 13-5　云集 &1919 小 b 收入贡献分析

公司	指标	2016 年	2017 年	2018 年
云集	小 b 数量(个)	900 000.00	2 900 000.00	7 400 000.00
	营业收入 / 小 b(元)	1 426.67	2 222.07	1 758.78
1919	直管店[①](个)	740	759	653
	隔壁仓库店(个)	—	43	259
	门店总数(个)	740	802	912
	营业收入 / 门店(元)	600 000.00	556 109.73	495 614.04

①可以理解为强力控制的加盟店,经营主导权在平台企业而非店主。
资料来源:穆胜企业管理咨询事务所根据公开财报整理。

总体来看,可以有几个结论:

其一,这类模式在短期内"跑地盘、不盈利"在一定程度上是被普遍接受的,资本更看重 b 的流量池和背后的故事。

其二,这类模式在短期内"轻效率"在一定程度上是被普遍接受的,理想中描述的线上综合赋能并没有跑出效果,换句话说,S 提供的"供应链解决方案"依然有巨大的优化空间。所以,当前这类模式的爆发力基本取决于生意本身的毛利空间(而非线上赋能拉出来的效率空间),这决定了企业有多少"子弹"去拓展 b。

其三,这类模式能否走通,关键还看平台赋能 b 后的出货能力,没有这个基础,再多的 b 也只是负担。排除供应链因素,这主要考验了 S

---

① 我们将 1919 的 b 界定为直管店和隔壁仓库店,剔除了直营店。

提供的"流量解决方案"。相比起来，在线上为 b 解决流量，要比线下为 b 解决流量容易得多，因此，即使是线下的 b，也应该尽力让其线上化。云集能够大量出货，还是因为线上会员制的威力，换句话说，其 b 并不一定需要将货物出给 C 端，他们自己可能就是最终消费者。2018 年，其 GMV 中的 66.4% 都来自于会员购买。

需要强调的是，两个样本的姿势也都获得了资本的支持。例如，云集已经进入二级市场，模式受到普遍认可；而 1919 虽然在 1.5 级市场，但背后有阿里，而阿里又将布局终端门店视为战略举措，他们的风险也不大。

模式发展的逻辑

上述现状究竟会不会持续？模式发展的逻辑究竟又是什么呢？

S2b2C 模式的确是个大赛道，由于穿透了产业链，并将产业链实现了在线化，无论是做交易，还是做增值服务或解决方案的交付，这里面有太大的盈利空间。但从目前来看，除了房多多、土巴兔这类优等生，走入这个模式的企业盈利情况并不乐观。主要原因是线上赋能的功夫还没有下够。而产业本来就是一个线下江湖，要将这个江湖搬到线上，并重塑其逻辑，对于这些年轻的企业来说，是一系列巨大的挑战。

面对这种挑战，这类企业的选择还是先做大规模。这可以理解，毕竟市场上的小 b 就这么多（如云集、校宝、土巴兔、房多多等），或者可以布局的空间就那么大（如 1919、贝壳等），先把 b 的流量池建起来，再精细运营，可能是一条相对理性的路线。现实中，这类模式的企业在内部都设置了疯狂的 b 端流量拓展（或者说展店）目标，大部分企业也会毫不犹豫地将流量目标放到盈利目标之前。当然，在融资时，他们更多也是在讲这个流量池的故事。

从资本市场的反馈来看，这个 b 端流量池要比盈利性对于估值的拉升作用更大。我们可以视为，进入这个赛道的资本愿意深耕产业互联网，对后市看好。从融资情况来看，这些企业依然会继续获得资本融资，在我们收集的 19 家样本中，其中有 11 家企业在近两年（2017 年 8 月～2019 年 8 月）获得了相应的融资。

但从模式本身来分析，这种"占位"的打法和消费互联网时代高举高打做 C 端流量的打法并没有本质不同。产业互联网的玩家们原来认为 b 端商户相对 C 端用户更有耐受性，进入流量池后就不会轻易离开。但问题在于：一方面，如果 b 与平台是松散关系，其跨平台生存的可能性极大，如果某平台赋能不足，b 尽管不会流失，却会休眠成为僵尸流量。大多数此类模式的企业，b 的 LTV[○]都是不愿揭开的伤疤。另一方面，如果 b 是平台强力控制的紧密关系，平台就必须为其生存负责，这就有可能是个"烫手的山芋"。例如，1919 采用了直管店模式，主要从管理费中赚取收益，但直管店拖欠管理费由来已久。2018 的半年报显示，其上半年应收票据及应收账款为 6.6 亿元，而其中直管店管理费部分就高达 6.18 亿元，占 93%。

因此，笔者并不认为上一部分谈到的"跑地盘、不盈利、轻效率"是可以长期接受的，尽管这已经是"潜规则"了。我们观察到的一个现象是，大量走 S2b2C 模式的企业，并没有将心思花在如何基于线上化、数据化、智能化来发展，而是习惯于通过堆成本、堆费用、堆人头的方式来发展。b 不够，就砸销售费用，线上导流，线下扫楼，广告满天飞；b 嫌赋能不够，就增加人手，用"手动模式"围着 b 转来赋能，管他经济不经济；b 嫌流量不够，就砸钱做流量倒手……道理很简单，前者太难了，需要自己下苦功夫，而后者显然更加直接，可能只需要手握 b 端流量池对资本讲故事。一个可以引起警惕的现象是，有些声称在做

○ LTV, life time value, 即生命周期价值。

S2b2C 的上市公司，甚至根本不愿披露自己的研发费用。

其实，在 b 的流量目标之外，更应该关注的是利润和效能。但换个角度想，追求效能并不是最终目的，只是为了抑制住企业想去"取巧的手"，倒逼企业用正确的姿势来实现流量和利润。以房多多为例，其之所以能够健康发展，就是因为贯彻了这类思路。2018 年年初，房多多喊出三大战略导向——商户战略、效能战略和利润战略，提出"以商户价值为初心，以效能提升为手段，以创造利润为结果"，很好地平衡了流量和经营之间的关系。

一切还得回到 S2b2C 模式的本质上，足以赋能 b 实现进化的"供应链解决方案"和"流量解决方案"才是关键。而平台要给出这两个解决方案，必须基于产业链来还原、升级线下场景，打通一条线上的数据链条，这是所有产业互联网模式的底层逻辑。所有绕过这逻辑要用扩张规模来取巧的模式，都是伪命题。

这里，有必要提及另一种可能——本身已经有一定基础的大平台似乎更适合打造这种模式。因为这类平台已经在前一阶段的商业模式中打下了盈利性和平台设施的基础，它们有利润、流量、数据、运营方法等方面的沉淀，只要不跳出它们的优势领域，走向这类模式可以看作是其核心能力的溢出，是自然而然的一步。目前来看，京东的新通路、阿里的零售通发展势头都算不错。说到底，这类大平台有足够的耐心，也兜得住底。例如，阿里为了解决 b 的顾虑，直接宣布了一种"四赔政策"——贵就赔、迟到赔、过期赔、滞销赔。

大赛道需要大野心，更需要大能力。对于走上这条赛道的玩家来说，他们都不缺乏野心，但如何一步步打磨能力，却是不得不面对的问题。我们要祝福这些勇者，但前提是他们决心为行业创造真正的价值，而不是为资本创造粉饰过的数据和故事。

第十四章

工业4.0的春天真的来了吗

除了交易和服务两类产业互联网的路径，不少企业也开始在更深的生产端发力，尝试做工业4.0（或称工业互联网、智能制造、互联制造、分布式制造等）。

工业4.0的好处无须赘述，去库存化、个性定制、去中介化、消除对于人工的依赖……但相比几年前的一拥而上、寻求颠覆，如今的工业4.0玩家们也开始归于冷静。因为经过若干次探索后的他们知道，这条路可能是产业互联网的商业模式里最难走的一条。

那么，经过了几年的探索，工业4.0的春天真的来了吗？

繁荣盛景

工业4.0的概念最先是由德国提出的。2012年年底，德国产业经济联盟向德国联邦政府提交《确保德国未来的工业基地地位：未来计划"工业4.0"实施建议》。之后，这一概念在国际上快速传播，引发了一轮热潮。[○]诸多的概念，指向的其实都是工业4.0类模式。

工业时代依次经历了机械化、电气化、自动化、智慧化四个阶段，依次对应着工业1.0到4.0。所谓的工业4.0是指利用物联信息系统（cyber-physical system，CPS）将生产中的供应、制造、销售信息数据化、在线化、智慧化，最后达到快速、精准响应个性化产品需求的效果。说简单点，就是将生产力做互联网化（云化），以便使其能随需（用户的个性化需求）调用。

既然是可以带来政策利好的国家战略，又是对产业的深度改造，这类模式自然被无限看好。2017年中国工业互联网市场规模达到4676.99亿元，增长率为13.5%，成为一个重要的"起风点"。后续，随着产业政策逐渐落地，市场空间的放量速度也有望逐渐增加，预计2020年中国工业互联网市场规模可达6929.12亿元。具体如图14-1所示。

图14-1 2015～2020年中国工业互联网市场规模及增长率走势图
资料来源：穆胜企业管理咨询事务所根据智研咨询数据整理。

○ 美国于2012年、2013年、2016年分别提出了"先进制造业国家战略计划""美国制造业创新网络计划""国家制造业创新网络计划年度报告与战略规划"，日本在2013年和2015年发布了两版《制造白皮书》，法国在2013年和2015年发布了"新工业法国"的概念，英国于2015年提出了"英国制造2050"，中国于2015年提出了"中国制造2025"……

2018年，有40多家工业互联网公司获得了融资，相较于2017年增长了一倍多，其中有10家获得了千万元以上的融资。具体如表14-1所示。

表14-1 2018年获得超过千万元融资的工业4.0项目

序号	项目名称	业务	地区	投资轮次	投资时间	投资金额	投资方
1	树根互联	工业互联网平台	北京	A轮	2018年1月9日	数亿元人民币	国投创新、经纬中国、中移创新产业基金、海捷投资
2	中科云创	工业互联网平台	北京	A轮	2018年1月11日	数千万元人民币	星河互联、泽厚资本、滕联恒业
3	威努特	工业网络安全服务商	北京	C轮	2018年4月9日	数亿元人民币	汉富资本、鸿金投资、赛伯乐投资、追远创投
4	上海慧程	自动化与信息化技术服务商	上海	B轮	2018年5月7日	近亿元人民币	红点创投中国基金、前海母基金
5	捷迅中国	工业物联网和信息技术研发商	广东	Pre-A轮	2018年6月22日	数千万元人民币	德商资本、百纳资本
6	玄羽科技	智能工厂解决方案供应商	广东	A轮	2018年8月10日	数千万元人民币	清流资本、高瓴资本、百度风投、明势资本
7	全应科技	工业物联网解决方案提供商	上海	Pre-A轮	2018年8月15日	2 000万元人民币	明势资本、线性资本
8	摩尔元数	智能制造解决方案提供商	福建	A轮	2018年8月24日	数千万元人民币	软银中国资本、坚果资本
9	寄云科技	工业物联网平台	北京	B轮	2018年10月8日	近亿元人民币	达晨创投、云启资本、基石资本
10	长扬科技	工业物联网安全服务提供商	北京	A轮	2018年10月31日	数千万元人民币	百度风投、1898创投基金、柒玖投资、基石资本

资料来源：穆胜企业管理咨询事务所根据天眼查数据整理。

从融资的结构上分析，融资的笔数总体随着年份增加，A轮之前的早期投资基本保持了数量，同时，A轮、B轮、C轮和战略投资的笔数都在放量（见图14-2）。这说明资本热度是持续的，且呈逐年增加的态势，另外，资本也有长线投资的动作，跟进到了后期。在二级市场上，富士康（工业富联）成功登陆上交所并融资271亿元，也是个非常强烈的风向标。这说明，对于工业4.0这种模式，资本是看好的。

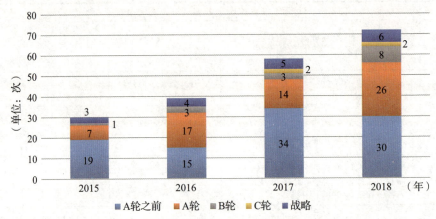

图14-2　2015～2018年工业互联网融资情况

注：A轮之前表示种子轮、天使轮和Pre-A。
资料来源：穆胜企业管理咨询事务所根据天眼查数据整理。

当然，相对S2b2C或B2B电商的项目，大多时候，这类项目的估值并不算太高。其原因在于，工业4.0的解决方案一般是以SaaS的方式切入的，而一旦被资本定义为SaaS企业，估值就一定上不去（在中国）。其中的原因我们以前已经分析过，在这里不做赘述了。所以，这类项目大多强调自己不是做"工具"，而是"解决方案提供者"，并且会提及自己的落地能力。但是，资本是不是这样看，就是另一回事了。

重度游戏

这条赛道问题的关键可能不在于估值。相对资本"在观望中的热捧"，工业4.0项目的表现却难言出色。

若干未上市公司都宣称它们的工业4.0取得了重大进展，业界甚至也自动"捧出了"若干标杆。但未上市公司宣称的数据不太具有说服力，它们始终回避不了一个质疑——如果真的那么出色，为什么还没有走到IPO呢？如果没有走到IPO，或者没有提交上市申请的材料，其业绩始终难辨真伪。所以，我们还是基于上市公司的数据来进行研究。

我们的研究团队在A股市场上选取了54家工业4.0概念股，分析了2013～2018年的财务数据，其中还剔除了ST的样本。有三个结论可以关注：

第一，毛利率并未明显提升。有23家企业实现了毛利率的增长，而30家企业的毛利润率下降了，53家企业的毛利率复合增长率的平均值为-0.65%。

第二，库存商品占营业收入的比例并未明显下降。有26家企业该比值上升，而27家企业该比值下降。这53家企业的平均比值的复合增长率为0.49%，还有小幅上升。

第三，库存商品占存货的比例并未明显下降。有25家企业该比值上升，而28家企业该比值下降，53家企业的平均比值的复合增长率为-0.96%，只能说略有下降。

当然，在我们观察的样本中，还是有个别头部企业的改革取得了进展，但凤毛麟角。我们不妨通过头部企业的个案分析来看看工业4.0的进展。深圳长城开发科技股份有限公司（000021，简称深科技）属于电子信息制造服务（EMS）行业，主营电子产品研发制造服务，是工业4.0概念股的典型代表。在我们分析的53家样本公司里，其毛利率的复合增长率为13.72%，排名第一。虽然其毛利率极低，一直没有超过6%，但这是由其行业特征决定的，我们依然不能否认毛利率的增长势头。深科技经营情况如图14-3所示。

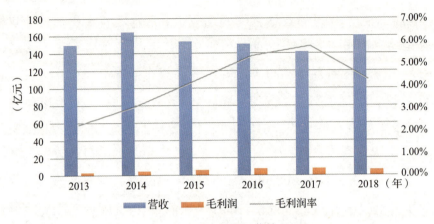

图 14-3 深科技经营情况

资料来源：穆胜企业管理咨询事务所根据深科技年报（2013～2018 年）整理。

如果说工业 4.0 可能带来了毛利的变化，那么，这种生产模式是否也改变了库存水平呢？从数据上看，这种观点并没有得到支持，深科技的库存商品占营收比例处于震荡状态，并未持续下行。此外应该注意到的是，深科技的库存一直上升，主营业务收入则相对稳定，这导致库存/主营业务收入的指标持续上涨（见图 14-4）。这不得不让人怀疑工业 4.0 为他们带来的实际效果。

图 14-4 深科技库存与主营业务收入比较情况（2013～2018 年）

资料来源：穆胜企业管理咨询事务所根据深科技年报整理。

如此一来，我们有必要分析存货结构。可以发现，库存商品的绝对数是有所上升的，而其在库存中的占比则在下降。主要原因是原材料和发出商品增长迅猛，导致了库存商品的相对占比下降。这是因为深科技在2017年获得了华为手机招标中的最大标的，并在同年新导入了vivo、华勤两家大客户，所以增加原材料以保证供应。这点在其财报披露中也得到了证实。深科技库存结构（绝对数）如图14-5所示，深科技库存占比如图14-6所示。

图 14-5　深科技库存结构（绝对数）

资料来源：穆胜企业管理咨询事务所根据深科技年报整理。

图 14-6　深科技库存占比

资料来源：穆胜企业管理咨询事务所根据深科技年报整理。

相比起来，另一家标杆企业宝钢的数据可能更具说服力，其通过旗下的宝信软件搭建了工业4.0的平台，实现企业内部信息流、资金流和物流的集成与融合。2014～2018年，宝钢毛利润率的复合增长率为9.30%。更重要的是，其库存商品的绝对数趋于稳定，并开始减少，在营收逐渐增加的同时，库存商品占主营业务收入比例逐年下降，依次为4.63%、6.19%㊀、3.11%、2.8%。对比同行业的其他对手，排除首钢通过布局立体停车场这类非钢业务来实现去库存，宝钢的数据独占鳌头。此外，其库存商品在库存中的占比也逐年下降。具体如表14-2所示。

表14-2　宝钢与同行业对手比较

项目	宝钢	包钢	首钢	河钢	鞍钢
库存商品（亿元）	148.07	74.82	18.10	42.85	45.99
主营业务收入（亿元）	5 297.16	671.88	657.77	1 151.23	1 048.49
占比（%）	2.80	11.14	2.75	3.72	4.39

总体来看，工业4.0模式主张的几个变化，在大多样本企业中并没有出现，但我们却可以从宝钢这类先行者的数据里看到趋势。㊁这可能验证了我们的观点——这条路确实难走。其实，这是可以理解的，毕竟这种模式"投入太重"。企业要完全从批量化大生产（mass production）的模式走向大规模定制（mass customization），不仅要让生产线布满传感器，还要改造不少硬件，更涉及将物料量化，还要打通整个生产的数据系统……这里面简直是关隘重重，如果不是有坚定决心的大玩家，很难玩得转。

㊀ 2015年受国际钢材市场波动的影响，营收、毛利润和毛利润率都有所下降。所以，这个时间点上的数据并不能反映工业4.0改造的真实效果。

㊁ 另外有一些局部的案例也值得关注，例如通用电气与东方航空签订了工业互联网的合作协议，利用自己的Predix平台对东航机队数据进行分析，确定出节约成本的机会，从而帮助东航改善运行效率及燃油节省。我们的数据显示，排除油价上涨的干扰，这个合作的确在一定程度上达成了合作预期。

To C 的模式之争

如果说工业 4.0 是个重度游戏，需要长线投入，那么此时商业模式就是关键。因为商业模式的威力决定了未来，决定了当前的估值，决定了玩家（尤其是投资者）的耐心。那么，巨额投入才能改造出智能制造的生产系统，成熟之后究竟有多大威力呢？

在商业模式上，手握杀器的制造业企业，最大的一个愿望就是用工厂直连用户。因为如果不能有效连接到用户，定制化生产的效率依然无法最大程度上发挥。这里面的关键在于 C2B (customer to business) 和 C2M (customer to manufactory) 的争议。

C2B 的概念最早起源于 2006 年美国洛杉矶新型电子商务年会，报告人 Ross Muller 首次使用了这一概念来形容"拼单采购模式"。这一模式被美国的 Groupon 等企业发扬光大，最后蔓延到国内，形成了以美团为代表的一批企业。在初期，这里的 C2B 更多还是消费互联网领域的，撮合的是商品或服务的交易。隔行如隔山，大量的参与者似乎没有绝对的信心向制造端渗透。

而 C2M 显然更进一步，就是用户直接面对制造商，相对于 C2B 这里更强调了"去中间化"。于是，一些制造工厂雄心勃勃地想要用 C2M 的模式突围而出。它们坚信，相对于 C2B，C2M 去掉了"B"这个中间环节，消费者在平台上表达需求，制造商来满足需求，显然更进一步。而面对自己不擅长经营流量的现状，它们还给出了一个看似很有说服力的理由——未来的用户会越来越不重视品牌，转而以自我为中心来追逐"独此一款"的订制品。

早前，笔者曾经接触过若干智能制造企业，它们无论自身体量大小，都空前一致地认为 C2B 是一种过渡模式，终极状态一定是 C2M。于是，它们纷纷建立 C 端用户入口，PC 站、微信号、App、线下店……在拥抱大型电商进行合作的同时，坚决不向这些流量入口彻底"缴枪"，坚决要树立自己的旗帜。

但猜对了故事的开始，却没有猜到故事的结局。除了海尔这样拥有庞大制造能力和已经建立渠道影响力（甚至早已建立自有渠道）的企业，其他过于弱小的制造企业基因根本不在 C 端，根本连接不到用户，做流量经营反而成为其负担，它们理想中的 C2M 并没有如约而至。说到底，海尔这样的企业即使坐拥 COSMO Plat 这样的杀器，依然需要通过大量第三方渠道商来出货，去渠道、去中介是个伪命题。KOL 高效带货、品牌联名一飞冲天、爆款点燃用户热情等现象，更让"用户将越来越不看重品牌"的猜想，被无情击碎。制造企业按照对自己有利的方向，夸大了用户的小众需求，在一条错误的路上埋头狂奔了若干年，最终却证明，C2M 的个人定制只是制造业的一厢情愿。

反观另一些坐拥流量的互联网巨头，其入侵制造端的速度让人侧目。2016 年，网易推出"网易严选"；2017 年，阿里推出"淘宝心选"；2018 年，京东推出"京造"……这些企业从自营切入，与制造企业开展了 ODM（制造商提供设计和制造）的合作，利用 C 端流量的优势初步探索了 C2M 的路径。但自营毕竟是"重资产模式"，在一轮价格战的红海血拼后，这类模式红利出尽。于是，网易启动了网易考拉工厂，淘宝心选也开始转型，回归了平台模式，与制造企业开始了 OBM（允许制造商经营自己的品牌）合作。渗透得更深的是拼多多和阿里淘宝旗下的天天特卖（由天天特价升级而来），它们力图通过条码、RFID、摄像头等设备对工厂进行轻量化的物联网式改造，将工厂产能数据与网店打通，实现极致的按需定产。当然，这种改造在制造企业的眼里似乎很幼稚，初期的拼多多还用了手机摄像头对着生产线这样的粗暴形式。但流量巨头们的目标很清晰，它们瞄准的是那些找不到销路的中小企业，赋能它们相对简单，逻辑是"你有流量我就听你的"。另外，也别低估了互联网企业的学习速度，从小企业开始，迭代成熟的解决方案可以向更大规模的企业渗透，甚至它们还可以通过投资的方式获得相对成熟的工业 4.0 解决方案，它们是有机会的。

我们原来认为互联网企业吃不透产业，在这个赛道里应该不占优势，但我们的研究却在某些方面呈现了相反的结论。流量在手，摧枯拉朽，流量巨头们似乎离 C2M 更近一些。

To B 的平台化之殇

如果走不通 to C 生意，制造企业可能希望退回来深耕产业端，为行业赋能。事实上，之前意图直连 C 端的它们就曾设想，依托对于 C 端的影响来反向整合产业链，用这种在线的智能制造系统改造出若干智能工厂，并在线上实现连接，形成柔性的分布式生产力网络。甚至，这张网络还可以整合设计、金融、原料等参与者，最大程度满足用户的各类诉求，打造一个"大生态"。其实，这就形成了一个深度的 S2b2C 模式，即用自己的工业 4.0 方案赋能小工厂。

但尴尬的是，就算大型制造巨头把自己的工业 4.0 方案做得异常出色，外部的企业可能也不需要它们的赋能。我们看到的是，这些外部企业无论大小，更多还是会将原有的制造业巨头视为对手而非赋能者。这些企业的内心台词是：你说太长远的事情我听不懂，我就看你能不能帮我解决销路（流量）问题。这可能是个理念的问题，但我们看到的现状就是这样。

当前，在国内已经有海尔的 COSMO Plat、美的的 M.IoT、沈阳机床的 SESOL、徐工机械的 Xrea、三一集团的 RootCloud 等工业 4.0 平台，但无论是哪个平台，都不敢说自己已经对行业形成了深度影响。所以，巨头企业几经努力改造完成后的工业 4.0 解决方案，也可能只是自己一家企业的玩具。其实，这类困境在互联网经济渗透的初期就曾出现过。每当一个巨头企业希望搭建一个平台时，其一定绕不开一个质疑——凭什么让你既当运动员，又当裁判员？

另外，要做智能工厂的改造也没有那么容易，这不是装上传感器、加载几个软件模块、简单调试调试、训练好工人就能够成功的。甚至，在当前的技术条件下，有的行业的有些环节还依然脱离不了人工，根本无法进行工业4.0改造。生产制造是个复杂系统，其需要的赋能深度远远超过想象。一位销售行业出身的创业者告诉笔者，自己曾经以为这种改造一个星期就能落地，结果却被无情的现实打脸。

也许，只有西门子的Mindsphere和通用的Predix这类量级的平台才能解决这一问题。这类平台提供了从硬件、软件到云服务的一站式解决方案，其投入的资源显然也是其他小企业无法匹敌的。另外，他们的体量也大到了足以让玩家们认为是"中立"的程度。

但有意思的是，两大巨头的境遇各不相同。

西门子的数字化工厂集团（DF）致力于为企业提供全面的无缝集成软硬件和技术服务，帮助其提高制造流程的灵活性和效率，缩短产品上市时间，这一部门主要负责MindSphere。其解决方案前期用于自己，后期慢慢开始转为给客户提供服务。目前来看，数字化工厂营收逐步扩大，利润率稳定增长。西门子经营状况如图14-7所示。

反观通用的Predix，则是另一番境遇。应该说，通用电气对于工业互联网的转型是坚定的。2016年，我在纽约的洛克菲勒大厦见到了时任通用电气CEO杰夫·伊梅尔特，他对我们一行人阐述了自己的宏伟蓝图，号称要把通用由一家硬件公司变成一家软件公司，要走向数字化。2013年推出的Predix显然是他的王牌，但运行几年来，Predix却主要被用于内部的GE电气和GE航空，一直未找到成功的商业模式。根据通用电气的年报，2017年数字化业务的收入为40亿美元，对比2016

年收入增长 4 亿美元。在 2017 年年初，其预计当年的数字业务可以增长 50 亿美元，但最终结果远远没有达到自己的预期，亏损持续。这种糟糕表现也影响了通用电气的股价，导致其不得不于 2017 年正式宣布剥离出售 Predix（以及 GE 数字的一些其他资产）。

图 14-7　西门子经营状况

资料来源：穆胜企业管理咨询事务所根据西门子财务年报（2015～2018 年）整理。

2017 年，我陪同海尔的张瑞敏先生一行参观过 GE 数字，并与海尔高层进行过交流。当时的一个感觉是，他们特别强调软件和数据，强调他们对于数据处理的专长，这来自他们的软件基因。相反，西门子的思路是更加强调基于硬件的数据能力，这来自他们的硬件基因。此外，他们也明确宣布"谁拥有设备，谁就拥有数据所有权"，这也与通用不同。从结果来看，西门子显然更接地气，也充分说明了工业 4.0 是"俯下身段进产业"的一条路。

当然，足以搭建平台来当"裁判员"的不只有传统的制造巨头，我们也不应该忽略了腾讯和阿里对于产业互联网的决心。消费互联网中成长起来的流量巨头对于硬件可能不太擅长，但对于软件和云服务绝对是轻车熟路。在选好姿势的前提下，它们有心也有力一争高下。

另一条路

其实，无论是通用电气还是西门子，它们的工业 4.0 方案都是从制造端发力，并没有借助 B 端用户的力量。但是，从需求一侧发起变革，不就是互联网商业模式摧枯拉朽的原动力吗？

当前，国内有屈指可数的几个企业正在实践一种模式，而这种模式可能是工业 4.0 破局的另一条路。

2019 年 9 月 12 日，一家名为"智布互联"的企业宣布完成了 1 亿美元的 C 轮融资。这笔融资在资本的寒冬期完成已经实属不易，而入局者更是耀眼，腾讯和红杉领投，经纬、IDG 等跟投。

这家企业成立于 2014 年，是典型的工业 4.0 方案提供者，但其商业模式的独特之处在于，其不光通过 SaaS 来解决后端生产的精准和效率问题，还通过搭建前端的 B2B 交易平台（纺织厂与成衣厂之间的）解决销路问题。事实上，智布通过对纺织厂的深度调研发现，生产的精准和效率问题并不是这群客户真正的痛点，真正的痛点是获得订单。这与我们前面的判断是一致的。

进一步看，这是很多工业 4.0 赛道的企业没有走出来的误区，它们认为老板需要生产的精准和效率，这绝对正确，但让工业 4.0 的方案落地并不是由老板一个人决定的。在企业内部改变哪个生产环节都会无比艰难，因为企业的每个部分都会有现有机制和利益既得者来阻挠变革。结果往往是老板热情很高，员工比较消极，觉得新模式增加了自己的麻烦。众口一词阻碍新事物的现象，我们看得还少吗？另一家服装行业的工业 4.0 项目创业者为笔者讲述了一个案例：裁剪工原来是工厂高薪聘请的，而他们工业 4.0 的方案用裁床和智能制版替代了他们的功能，于是引发了强烈抵触。

所以，智布发展 B 端客户的逻辑就变得无比简单，他们关注的是老板急需的问题——"我们可以帮你们拉到订单,但你们必须用我们的 SaaS 系统。"当然,用了系统之后的好处也能够反映在平台的收益上,由于成本降低,中间环节差价变大,平台分佣自然增加。

其实,换一种思路,即使没有智布这么强大的 B2B 电商平台,要拿订单也没有那么难。上述那家服装企业的项目就专门收集行业的"小单"(小批量订单),这些"小单"发挥不了规模经济的效应,没有什么油水,往往是被制造企业嫌弃的,接单大多也是因为有"大单"建立的交情。但这家企业将小单拼到了一起,并给出了让小单制造也能划算的工业 4.0 解决方案。只要工厂接单,一套数据包就会发过去,制版和效果图都已经做好。如此一来,小的制造工厂就没有理由拒绝了。毕竟,制造业宁愿让成本收入对冲,也不愿让机器闲置。说到这里,笔者要特别提醒,工业 4.0 的未来从来就不是"单件定制",而是"小批量大规模定制",这是互联网渗透产业的不二法门。

无论如何,智布这类企业真正实现了反向影响产业链,只不过,它们不是凭借对于 C 端用户的影响,而是凭借对于 B 端客户(成衣厂)的影响。据智布的投资人披露,在广东纺织重镇佛山张槎,79% 的纺织厂都介入了智布互联平台,而智布可以帮助合作紧密的工厂将开工率从 60% 提升到 85% 以上,且 90% 的产能都来自智布提供的订单。

当智布一头掌握了成衣厂的需求,一头掌握了纺织厂的供给时,他们就变成了一个行业的平台,而由于供需都实现了在线化,这个平台的撮合效率变得很高。例如,他们可以让单个纺织厂尽量处理同类订单,发挥规模经济的效应。再如,他们可以在同一时间调动分布式生产力,解决大单的交期难题。要实现这个效果,最难的可能还在于如何让纺织厂实现在线化,当然,没有成衣厂的在线化也是不可能的。明修 B2B 电商平台的栈道,暗度工业 4.0 的陈仓,智布这类模式真正为缺乏竞争力的 B2B 电商模式注入了内核——打通了产业链的数据链条,这是效率的基础。

当然,产业互联网对于数据链条的深度要求是极高的,智布对于产业链的渗透还有巨大空间。在此基础上,他们已经组建了一支200多人的研发团队,在不断优化SaaS产品的同时,也开始布局做PaaS。基于PaaS的底层,会孵化出更多的SaaS,甚至切入信息流、物流、技术流、资金流的服务。到了那个时候,智布的平台还会有更大的想象空间。

与高举高打的西门子和通用不同,智布这类小平台从行业切入,基于对行业的理解,做更轻量化、更接地气的解决方案,并在一个个里程碑之后,逐渐走入了深度赋能的模式。等到它们成熟了,我们会在行业里发现一个个的Mindsphere和Predix。

以小博大,龟兔赛跑,不是不可能。

穆胜企业管理咨询事务所

穆胜博士专注于互联网时代的商业模式和组织模式的研究。其创立的穆胜企业管理咨询事务所（www.drmusheng.com）集合了来自北京大学、纽约大学等中外名校的高端人才，基于在上述两个领域的原创模型和方法，致力于为企业提供经营管理解决方案。当前，穆胜博士及其团队已经为国内若干先锋企业提供了高质量的咨询服务，成为其发展过程中高度依赖的长期智囊。

穆胜作品包括"互联时代商业逻辑"和"互联时代管理逻辑"两个系列，前者涉及商业模式和战略管理领域，后者涉及组织管理和人力资源领域。穆胜博士的原创管理思想不仅得到了若干一线企业家的高度好评，也成为诸多企业落地实践的方法指南。

"日本经营之圣"稻盛和夫经营哲学系列

季羡林、张瑞敏、马云、孙正义、俞敏洪、陈春花、杨国安 联袂推荐

书号	书名	作者	定价
9-787-111-49824-7	干法	【日】稻盛和夫	39.00
9-787-111-59009-5	干法（口袋版）	【日】稻盛和夫	35.00
9-787-111-59953-1	干法（图解版）	【日】稻盛和夫	49.00
9-787-111-47025-0	领导者的资质	【日】稻盛和夫	49.00
9-787-111-50219-7	阿米巴经营[实战篇]	【日】森田直行	39.00
9-787-111-48914-6	调动员工积极性的七个关键	【日】稻盛和夫	45.00
9-787-111-54638-2	敬天爱人：从零开始的挑战	【日】稻盛和夫	39.00
9-787-111-54296-4	匠人匠心：愚直的坚持	【日】稻盛和夫 山中伸弥	39.00
9-787-111-51021-5	拯救人类的哲学	【日】稻盛和夫 梅原猛	39.00
9-787-111-57213-8	稻盛和夫谈经营：人才培养与企业传承	【日】稻盛和夫	45.00
9-787-111-57212-1	稻盛和夫谈经营：创造高收益与商业拓展	【日】稻盛和夫	45.00
9-787-111-59093-4	稻盛和夫经营学	【日】稻盛和夫	59.00
9-787-111-59636-3	稻盛和夫哲学精要	【日】稻盛和夫	39.00
9-787-111-57016-5	利他的经营哲学	【日】稻盛和夫	49.00
9-787-111-57081-3	企业成长战略	【日】稻盛和夫	49.00
9-787-111-57079-0	赌在技术开发上	【日】稻盛和夫	59.00
9-787-111-59184-9	企业家精神	【日】稻盛和夫	59.00
9-787-111-59238-9	企业经营的真谛	【日】稻盛和夫	59.00
9-787-111-59325-6	卓越企业的经营手法	【日】稻盛和夫	59.00
9-787-111-59303-4	稻盛哲学为什么激励人	【日】岩崎一郎	49.00

华章经典·管理

ISBN	书名	价格	作者
978-7-111-59411-6	论领导力	50.00	（美）詹姆斯 G. 马奇 蒂里·韦尔
978-7-111-59308-9	自由竞争的未来	65.00	（美）C.K.普拉哈拉德 文卡特·拉马斯瓦米
978-7-111-41732-3	科学管理原理（珍藏版）	30.00	（美）弗雷德里克·泰勒
978-7-111-41814-6	权力与影响力（珍藏版）	39.00	（美）约翰 P. 科特
978-7-111-41878-8	管理行为（珍藏版）	59.00	（美）赫伯特 A. 西蒙
978-7-111-41900-6	彼得原理（珍藏版）	35.00	（美）劳伦斯·彼得 雷蒙德·赫尔
978-7-111-42280-8	工业管理与一般管理（珍藏版）	35.00	（法）亨利·法约尔
978-7-111-42276-1	经理人员的职能（珍藏版）	49.00	（美）切斯特 I.巴纳德
978-7-111-53046-6	转危为安	69.00	（美）W. 爱德华·戴明
978-7-111-42247-1	马斯洛论管理（珍藏版）	50.00	（美）亚伯拉罕·马斯洛 德博拉 C. 斯蒂芬斯 加里·海尔
978-7-111-42275-4	Z理论（珍藏版）	40.00	（美）威廉 大内
978-7-111-45355-0	戴明的新经济观	39.00	（美）W. 爱德华·戴明
978-7-111-42277-8	决策是如何产生的（珍藏版）	40.00	（美）詹姆斯 G.马奇
978-7-111-52690-2	组织与管理	40.00	（美）切斯特·巴纳德
978-7-111-53285-9	工业文明的社会问题	40.00	（美）乔治·埃尔顿·梅奥
978-7-111-42263-1	组织（珍藏版）	45.00	（美）詹姆斯·马奇 赫伯特·西蒙